40 SALMOS
PARA INSPIRAR
SUA VIDA

40 SALMOS PARA INSPIRAR SUA VIDA

LEITURAS PARA VOCÊ **MEDITAR**,
RELAXAR E **FICAR EM PAZ** COM DEUS

ABIDE CHRISTIAN MEDITATION

TRADUÇÃO DE MARKUS A. HEDIGER

NOVO CÉU

Título original: *Peace with the Psalms: 40 readings to relax your mind and calm your heart*

Copyright © 2022 by Abide Christian Meditation
Copyright © 2021 by Carpenter's Code, Inc.
Publicado mediante acordo com HarperCollins Christian Publishing, Inc.

Todas as referências bíblicas mencionadas nesta obra foram baseadas na Nova Versão Internacional.

Direitos de edição da obra em língua portuguesa no Brasil adquiridos pela Novo Céu, selo da EDITORA NOVA FRONTEIRA PARTICIPAÇÕES S.A. Todos os direitos reservados. Nenhuma parte desta obra pode ser apropriada e estocada em sistema de banco de dados ou processo similar, em qualquer forma ou meio, seja eletrônico, de fotocópia, gravação etc., sem a permissão do detentor do copirraite.

EDITORA NOVA FRONTEIRA PARTICIPAÇÕES S.A.
Rua Candelária, 60 — 7.º andar — Centro — 20091-020
Rio de Janeiro — RJ — Brasil
Tel.: (21) 3882-8200

Dados Internacionais de Catalogação na Publicação (CIP)

A148q Abide Christian Meditation

　　　40 salmos para inspirar sua vida: leituras para você meditar, relaxar e ficar em paz com Deus/ Abide Christian Meditation; traduzido por Markus A. Hediger. – 1.ª ed. – Rio de Janeiro: Novo Céu, 2022.
　　　136 p.; 15,5 x 23 cm.

　　　Título original: *Peace with the psalms: 40 readings to relax your mind and calm your heart*

　　　ISBN: 978-65-84786-08-0

　　　1. Virtudes e valores. I. Hediger, Markus A. II. Título.

　　　　　　　　　　　　　　　　　　　　CDD: 179.9
　　　　　　　　　　　　　　　　　　　　CDU: 173

André Queiroz – CRB-4/2242

CONHEÇA OUTROS
LIVROS DA EDITORA:

Sumário

Introdução — 7

Por que fazer a meditação bíblica? — 11

O Senhor é o meu pastor: salmo 23 — 15
Um tempo para dançar: salmo 33 — 19
Saboreie o favor de Deus: salmo 5 — 21
Esperar é difícil: salmo 13 — 25
Próximo aos que estão de coração partido: salmo 34 — 29
Livre de fardos: salmo 4 — 31
Mais doce do que mel: salmo 19 — 33
De todo o coração: salmo 9 — 37
Nada a temer: salmo 27 — 41
A alegria vem de manhã: salmo 30 — 45
Eu me deito e durmo: salmo 3 — 47
Agarrar com força: salmo 119 — 51
Criado para viver em alegria: salmo 16 — 53
Minha ajuda vem de Deus: salmo 121 — 55

Praticando gratidão: salmo 92	57
A dádiva do sono: salmo 127	59
Erga sua voz!: salmo 40	61
Em terreno plano: salmo 143	63
Cria em mim um coração puro: salmo 51	67
Você está exausto?: salmo 145	71
Deus sustentará você: salmo 55	75
Cante cânticos da verdade: salmo 59	77
Minha alma encontra descanso: salmo 62	79
Jamais esquecido: salmo 105	81
Deus está por perto: salmo 68	83
Porto seguro: salmo 107	85
Sem medo de cair: salmo 94	89
Descanso sagrado: salmo 138	91
O Deus eterno: salmo 90	95
Descansando em braços fortes: salmo 91	97
Visto por Deus: salmo 11	101
Os portões do Senhor: salmo 100	105
Quebrantado e lindo: salmo 103	107
A sua glória, o nosso bem: salmo 8	109
Uma prática para cada dia: salmo 96	113
Nada é desconhecido para Deus: salmo 139	117
Seu amor dura para sempre: salmo 136	121
Guardo o que dizes: salmo 141	125
Cada joelho se dobrará: salmo 95	127
Louvor para todas as estações: salmo 150	129
Agradecimentos	133

Introdução

"**E**STE APLICATIVO ME TROUXE TANTA PAZ."
Ouvimos isso o tempo todo dos usuários do Abide, e essa afirmação sempre nos deixa humildes. Num mundo em que a ansiedade, a depressão e as inquietações estão se tornando uma grande luta na vida de tantas pessoas, quis que o aplicativo Abide fosse um lugar em que, antes de tudo, as pessoas encontrassem a *paz* de Deus.

Saí da Google para fundar o Abide com Eric Tse, diretor de tecnologia, porque senti a necessidade de diminuir o ritmo e ter tempo para conhecer e ouvir Deus com mais frequência e dedicação. Logo após abrirmos a empresa, ficou evidente que nossa prioridade deveria ser ajudar as pessoas que enfrentam a ansiedade. De acordo com a Anxiety and Depression Association of America [Associação de Ansiedade e Depressão da América], o transtorno de ansiedade é o distúrbio mental mais comum nos Estados Unidos e afeta quarenta milhões de adultos com 18 anos ou mais no país todos os anos, ou seja, 18,1% da população.[1] E esse número reflete apenas as pessoas que buscaram ajuda. Muitas outras que sofrem de ansiedade nunca vão procurar aconselhamento profissional ou mesmo compartilhar com alguém o que estão enfrentando. A pesquisa mostra que a ansiedade está crescendo

---

[1] *Did You Know?* Anxiety and Depression Association of America. https://adaa.org/about-adaa/press-room/facts-statistics. Acesso em 18 de fevereiro de 2021.

à medida que inúmeras forças convergem e se unem para tornar a vida moderna desafiadora — e perigosa — como nunca foi antes. Uma vez que os efeitos do estresse e da ansiedade sobre o corpo no longo prazo são consideráveis, todos nós devemos aprender a desenvolver e adotar estratégias para ajudar a aliviar e a evitar essa pandemia.

A boa notícia é que os usuários do aplicativo Abide já descobriram e tiraram proveito de um remédio que gerações de cristãos no mundo inteiro conhecem há muito tempo: os salmos.

Quando criamos este livro, que reúne os conteúdos mais procurados pelos usuários, nosso objetivo com as meditações e as reflexões diárias sobre os salmos era proporcionar uma experiência da *paz de Cristo* diferente de qualquer outra que o leitor já teve. Os salmos estão cheios de sábios conselhos sobre como aprender a depositar a confiança em Deus, fator que comprovadamente nos ajuda a relaxar na certeza de que ele está no controle quando nós definitivamente não estamos.

Se você se sente ansioso por causa da situação em que o mundo se encontra, das suas relações, finanças ou de qualquer outro motivo, a meditação bíblica tem um poder único e incisivo para aliviar esse sentimento, concentrando seus pensamentos na presença de Deus e em suas promessas fiéis. Na verdade, os problemas de saúde física ou mental não são páreo para o poder da oração dos salmos, como inúmeros leitores e usuários do aplicativo têm descoberto. Em quarenta dias, estes breves textos diários podem ajudá-lo a sentir a certeza reconfortante de que Jesus está sempre ao seu lado no sofrimento, fornecendo o Espírito dele para guiá-lo a orar por cura. Se você estiver sob ataque espiritual, os salmos lembram e reforçam a verdade bíblica e a mão do Todo-poderoso para protegê-lo contra todos os ataques inimigos, proporcionar a sua libertação e restaurar a paz que transcende todo o entendimento. Se o pecado for recorrente em sua vida ou se estiver se distanciando de Deus, os salmos te ajudam a experimentar a graça, a salvação e a regeneração da vida de Jesus em você — o que traz alegria e contentamento duradouros. Se não consegue dormir à noite, como tantas pessoas, por ser acometido por um turbilhão de pensamentos, os salmos podem te ajudar a acalmar a mente para que você se lembre de como Deus te chama em momentos de silêncio para levar a vida mais saudável e reconectada que você tanto deseja.

Em muitas das meditações desta obra, o leitor será instruído a visualizar cenários e a se imaginar de maneiras talvez nunca antes vislumbradas. O livro o guiará em exercícios feitos para inspirar uma consciência e uma percepção plena da presença de Deus, o que lhe trará a paz que só ele proporciona. Permita que as orações no fim de cada capítulo se tornem suas próprias palavras, e tente não apressar a leitura. Quando tiver terminado o texto do dia, permaneça em silêncio por alguns instantes e esteja apenas com Deus enquanto sua mente explora os novos pensamentos e sentimentos que você descobriu.

Espero e oro para que não só você desfrute deste livro único, mas também para que ele te ajude a aumentar a confiança naquele que te ama mais do que você possa compreender, e que nunca, jamais, vai te abandonar.

Que você possa sempre permanecer em Cristo.

NEIL AHLSTEN
CEO da Carpenter's Code,
empresa desenvolvedora do aplicativo
Abide Christian Meditation

Por que fazer a meditação bíblica?

M*indfulness*, ou seja, a "atenção plena", virou tendência. Desacelerar, parar por uns instantes só para respirar. Estar consciente do ambiente à sua volta e de seu corpo. Os especialistas observam não apenas benefícios para a saúde mental, mas também benefícios físicos.

De acordo com uma matéria do site PositivePsychology.com, de 14 de junho de 2019, a atenção plena contribui para a redução do estresse, maior capacidade de lidar com doenças e a diminuição dos sintomas depressivos.[2]

E quem não quer isso, não é mesmo?

Qual fator, então, distingue a meditação *bíblica*? Em vez de se concentrar apenas nos próprios sentimentos e sensações, permitir que nosso corpo controle a direção dos pensamentos, como a concentração em Deus e na sua Palavra pode nos transformar profundamente?

Salmos 1:1-3 diz:

Como é feliz aquele que não segue o conselho dos ímpios,
não imita a conduta dos pecadores,

---

[2] Courtney E. Ackerman, *23 Amazing Health Benefits of Mindfulness for Body and Brain*, Positive Psychology.com, 14 de junho de 2019, https://positivepsychology.com/benefits-of-mindfulness/.

> *nem se assenta na roda dos zombadores!*
> *Ao contrário, sua satisfação está na lei do Senhor,*
> *e nessa lei medita dia e noite.*
> *É como árvore plantada à beira de águas correntes:*
> *dá fruto no tempo certo*
> *e suas folhas não murcham.*
> *Tudo o que ele faz prospera!*

Ao contrário do que alguns pensam, a meditação não surgiu com as práticas religiosas orientais, como o budismo. A palavra *meditar* é usada pela primeira vez nas Escrituras em Gênesis: "Certa tarde, [Isaque] saiu ao campo para meditar. Ao erguer os olhos, viu que se aproximavam camelos" (Gênesis 24:63). Os estudiosos bíblicos acreditam que o livro foi escrito entre 1450 e 1410 a.C., e a maioria concorda que essa evidência indica que a prática da meditação é anterior a Buda em cerca de oitocentos anos, enraizando-a diretamente na tradição judaico-cristã.

A meditação bíblica é, portanto, uma prática da Bíblia que tem sido aprimorada por milhares de anos. A meditação conecta e fortalece nossa mente e nosso coração em Jesus e nos ajuda a viver com a paz e o propósito de Cristo. De acordo com Thomas A. Tarrants III, presidente emérito do Instituto C.S. Lewis, "a meditação é uma prática de devoção em que nos empenhamos com a ajuda de Deus para conhecê-lo melhor, amá-lo mais, experimentar uma comunhão mais próxima a ele e viver para a sua glória".[3]

Como cristãos, devemos nos concentrar *naquilo* que escolhemos como objeto de meditação. Sempre ouvimos os usuários do Abide comentarem sobre a paz que encontraram ao aprofundarem a relação com Deus por meio das meditações bíblicas realizadas com o aplicativo. Pessoas que tomavam tranquilizantes há anos agora conseguem ter um sono profundo durante toda a noite porque se deitam ouvindo a Palavra de Deus em nossas histórias para dormir. E provavelmente a palavra que mais ouvimos nos depoimentos é *paz*.

Será que existe alguma pessoa que não precise de mais paz na vida? A menos que viva numa caverna sem nenhum contato com o mundo exterior, você já deu de cara com a angústia. O rei Davi do antigo Israel conhecia a angústia. Ele passou muito tempo em cavernas, escondendo-se dos inimigos. E durante o exílio, escreveu

---

[3] Thomas A. Tarrants III, "Biblical Meditation", *Knowing & Doing* (inverno de 2019), C.S. Lewis Institute, https://www.cslewisinstitute.org/Biblical_Meditation.

muitos dos salmos da Bíblia. Ele clamava a Deus e lamentava a sua situação. No entanto, sempre voltava para Deus.

O salmo 5, por exemplo, começa: "Escuta, Senhor, as minhas palavras, considera o meu gemer. Atenta para o meu grito de socorro, meu Rei e meu Deus, pois é a ti que imploro." E termina assim: "Pois tu, Senhor, abençoas o justo; o teu favor o protege como um escudo."

E o salmo 10 começa: "Senhor, por que estás tão longe? Por que te escondes em tempos de angústia?" E termina: "Tu, Senhor, ouves a súplica dos necessitados; tu os reanimas e atendes ao seu clamor. Defendes o órfão e o oprimido, a fim de que o homem, que é pó, já não cause terror."

Nosso objetivo com esta obra é ajudar você a se apropriar da paz de Deus meditando sobre as verdades encontradas no livro Salmos. Faça uma pausa depois de ler a meditação diária. Passe alguns minutos em oração, conectando-se com o seu Pai celestial. Tente decorar o versículo que inicia cada meditação.

E "que o próprio Deus da paz os santifique inteiramente. Que todo o espírito, alma e corpo de vocês seja conservado irrepreensível na vinda de nosso Senhor Jesus Cristo" (1 Tessalonicenses 5:23).

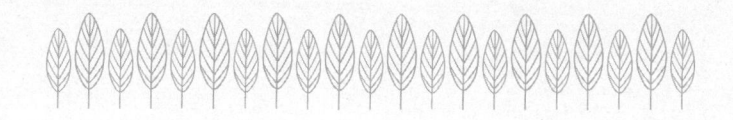

O Senhor é o meu pastor: salmo 23

O Senhor é o meu pastor; de nada terei falta.
Em verdes pastagens me faz repousar
e me conduz a águas tranquilas;
restaura-me o vigor.

Salmos 23:1-3

Imagine que você está deitado sobre um belo gramado verde, ao lado de um córrego tranquilizante. Sem uma única preocupação no mundo. Você simplesmente se sente renovado, restaurado, protegido, guiado, consolado e amado. Sim, há sombras. Há escuridão. Mas não chegam a ser opressoras a ponto de lhe causar temor. Porque Deus está com você. Ele esteve, ele está e estará com você por toda a eternidade.

Seja sua vida tranquila ou não, nada muda o fato de que seu Pai no céu é o Bom Pastor e está presente para amar e cuidar de você.

Imagine os olhos de Deus, o jeito como ele olha para você, o cuidado e o amor intensos. Esse olhar diz que ele sabe tudo sobre você, e o ama mesmo assim. É impossível que ele te ame mais do que te ama neste exato momento.

Imagine os gramados que ele te dá. Sinta a grama fresca enquanto olha para o céu azul. Sinta o calor no rosto. Absorva tudo o que imagina estar ao seu redor. Você consegue ouvir os pássaros cantando alegremente? Uma brisa suave agita seu cabelo. Sinta o cheiro doce da grama e das flores silvestres que estão por perto. Você está num porto seguro. Um espaço amplo, muito bem protegido pelo seu Pastor amoroso.

Ouça o murmúrio da água nas proximidades. Suave. Refrescante. Ouça. Sinta o cheiro. Deixe os pés balançarem na água. Ela está aí para acalmar você. Junte suas mãos num formato de concha e pegue um pouco da água fresca. Incline a cabeça para baixo para beber. Aaah. Sinta a vida que ela te dá. Beba profundamente da Água Viva que é Jesus em sua alma.

Jesus te conduz pelos caminhos certos em seu nome. Não vagando sem rumo, mas guiado por um caminho. A luz dele ilumina o caminho. A palavra dele é uma lâmpada para os seus pés, impedindo que você tropece. O cajado dele te protege e guia.

Mesmo que você ande por um vale afastado da luz do sol, não temerá mal nenhum, pois Jesus te acompanha. Nenhuma tempestade surpreende a Deus. Nenhum trovão o incomoda. Não há sombras que o peguem desprevenido. Ele está com você. Você é dele para sempre.

Ele prepara uma mesa para você na presença dos seus inimigos. Sente-se a esta mesa. Veja todos os presentes que ele providenciou. Ele ungiu sua cabeça com óleo. Sua taça transborda. As bênçãos dele não só te preenchem; elas transbordam.

É certo que a bondade, a misericórdia e o amor infalível te seguirão por todos os dias de sua vida, e você residirá para sempre, por toda a eternidade, na casa e na presença do Senhor.

Nosso gracioso Pai celestial, nosso Bom Pastor, obrigado por me conduzir a este pasto verde, por fazer-me deitar e descansar. Que eu possa sentir a tua presença à minha volta; ajuda-me a deleitar-me com a bondade que me trouxeste. Que eu possa ouvir a tua voz reconfortante e sentir tuas mãos cuidadosas em mim. Que possa confiar em ti quando eu tiver medo, sabendo que tu cuidas de mim. Retire toda a preocupação, Senhor, enquanto caminhas comigo pelos vales. Lembra-me, a cada momento, dos teus cuidados e provisões. Ajuda-me a relaxar, Senhor, sabendo que tu ficarás ao meu lado. Tu nunca me deixarás nem me abandonarás. Tão numerosas como as estrelas no céu ou como os grãos de areia em todas as praias do mundo, tão vasto é o teu amor por mim. Que o teu amor me envolva como um cobertor, mantendo-me aquecido e seguro. Faz com que as tuas águas límpidas renovem a minha alma. Amém.

Um tempo para dançar: salmo 33

Cantem de alegria ao Senhor, vocês que são justos;
aos que são retos fica bem louvá-lo.
Louvem o Senhor com harpa;
ofereçam-lhe música com lira de dez cordas.
Cantem-lhe uma nova canção;
toquem com habilidade ao aclamá-lo.

Salmos 33:1-3

A alegria é um prazer para a alma! Mas nem sempre é fácil encontrá-la. Às vezes, nossas emoções ficam no caminho. O que te impede de experimentar a alegria no Senhor?

Convido você a desviar o olhar da situação em que se encontra para se concentrar em Deus. Só assim poderá receber a alegria que ele reserva a você — alegria *nele*, que é tão diferente da alegria do mundo.

Deus é glorioso e merecedor de nossos louvores! Quando encaramos a maravilhosa face de Deus, nosso coração é libertado para cantar suas obras poderosas, para se deliciar com seu enorme amor e sua bondade por nós. Com todo o nosso ser e todas as nossas ações, podemos louvá-lo. Todas as criações são a glória de Deus. As ondas que quebram, os trovões que retumbam!

Pelos seus feitos poderosos, louve-o. Por sua esplêndida grandeza, louve-o. Com cada suspiro seu, louve-o. Em voz alta, alegre e exaltante, louve o Deus dos céus e da terra. O salmista convoca tudo que tem fôlego para louvar o Senhor!

Ao concentrar seu coração para o louvor, erga os olhos para os céus. Observe a glória de Deus na criação ao seu redor. As árvores do campo batem palmas em louvor a ele. As aves no céu são alimentadas e vestidas por ele. Permita que seu coração palpite ao contemplar tudo que ele fez ao seu redor e dentro de você.

Muitas vezes, a música é um recurso que pode ser usado para acalmar o coração e trazer estabilidade para a alma. Esses momentos de paz são renovadores e revigorantes. E depois vem o estrondo dos címbalos para uma alegre celebração da bondade e da grandeza de Deus — a alegria e a dança que irrompe das profundezas da alma ao lembrar tudo que Deus é e tudo que ele fez por você!

Sofonias 3:17 nos diz que Deus se exultará conosco com cânticos altos e que regozijará conosco em alegria. Imagine ouvir as palavras de amor do Senhor dirigidas a você e devolvê-las a ele com uma percepção cada vez mais profunda do quanto ele te ama.

Em Salmos 33:3, o salmista te estimula a escrever uma nova canção, repleta de alegria e louvor ao Deus que faz maravilhas e *é* maravilhoso. Seu público é o grande Deus do universo. Ele anseia pelas suas palavras, cada uma delas. Que a alegria de Deus cubra o seu coração, sua mente e sua alma, para que ela se derrame dos seus lábios quando você está diante dele e o louva em meio a toda a criação! Louvado seja o Senhor!

> *Ó Senhor, Salmos 8:1 diz: "Como é majestoso o teu nome em toda a terra! Tu, cuja glória é cantada nos céus!" Eu posso não ser um músico profissional. Posso não ter a voz de um anjo. Mas tudo o que sou é teu, e com cada suspiro, quero louvar-te. Tu és bom; tu és soberano; tu és poderoso. Nenhum poder sobre a terra pode te vencer. Obrigado pelo teu amor e cuidado por mim. Tu és digno de louvor! Abre-me os olhos para que eu veja as tuas maravilhas. Lembra o meu coração de como és digno do meu louvor a cada momento de cada dia. Sim, tenho lutas nesta vida, mas tu nunca mudas, mesmo quando minhas circunstâncias mudam! Sou muito grato por tudo o que é e por tudo o que fizeste. Que eu nunca me canse de te louvar. Amém.*

Saboreie o favor de Deus: salmo 5

Escuta, Senhor, as minhas palavras,
considera o meu gemer.
Atenta para o meu grito de socorro,
meu Rei e meu Deus,
pois é a ti que imploro.

De manhã ouves, Senhor, o meu clamor;
de manhã te apresento a minha oração
e aguardo com esperança.

Salmos 5:1-3

Você tem algum lamento para Deus hoje? Talvez algo que esteja pesando em seu coração? Deus nos convida a apresentar a ele nossos pedidos e, depois, a esperar pacientemente em sua presença enquanto saboreamos a dádiva do favor divino.

E, caso esteja se perguntando, o favor de Deus é a graça imerecida que ele escolhe dar porque ele nos ama e se deleita em nós.

Por isso, acalme seus pensamentos na dádiva do amor e do deleite de Deus por você. Receba a graça imerecida e saiba que ele te ama pela eternidade.

Permita que as palavras do salmo 5 te inundem e transbordem como água viva para a sua alma.

Agora, permita-me contar uma história. Um jovem caminhava pela praia à noite. Ele estava agitado, orava e buscava a vontade de Deus para a sua vida. Enquanto caminhava, procurava um sinal do favor de Deus, implorando a ele que aparecesse.

Quando ficou à beira do mar, com os pés imersos na água gelada, ele olhou para o céu iluminado pela lua e agradeceu a Deus pela sua magnífica criação. Ficou maravilhado com o fato de que Deus sabe o nome de todas as estrelas, tão numerosas como os grãos de areia da praia!

Então algo à distância chamou sua atenção. Uma constelação única — uma que ele nunca tinha visto. As estrelas formavam uma cruz! E ao contemplar aquela cruz no céu noturno, ele sentiu imediatamente o Senhor dizer: "Meu querido filho, eu lhe dei tudo através do meu Filho, Jesus."

A vida do jovem se transformou naquela noite. Deus ouviu o grito do seu coração. Todas as suas orações foram derramadas diante do Pai na praia banhada pela luz da lua naquela noite. E, pela graça de Deus, ele foi lembrado do que já lhe tinha sido dado.

A dádiva do favor de Deus é imerecida. No entanto, através do seu Filho, ela é concedida livremente a todos.

Receba hoje a dádiva do favor de Deus através de Jesus.

> *Escuta, Senhor, as minhas palavras,*
> *considera o meu gemer.*
> *Atenta para o meu grito de socorro,*
> *meu Rei e meu Deus,*
> *pois é a ti que imploro.*

Descanse na presença do seu Rei e do seu Deus.

Melhor um dia na casa do Senhor do que mil dias em outros lugares. Sinta a santidade da presença dele e imagine estar na casa do Senhor, ajoelhado diante de seu trono.

A justiça de Deus nos foi dada pelo sacrifício de seu Filho. Só em Jesus Cristo encontramos o caminho. Todos os lugares desarranjados são endireitados. Todas as ideias confusas são solucionadas. E sabemos que ele abrirá seu caminho diante de nossos olhos.

A dádiva do favor de Deus é de fato um presente.

Desmerecido e imerecido, o amor de Deus encanta nossas almas. E por meio de sua graça e misericórdia sem limites, ele nos dá a dádiva do seu favor.

Sinta a bênção de Deus em sua vida pela dádiva do favor divino. E, com a presença do Senhor como escudo, descanse em paz hoje.

> *Santo Deus, guardião da nossa alma, por favor, preserva-me nos teus braços, dia e noite. Bem aqui onde eu estou, segura-me na dádiva do teu favor. Sê o meu escudo e protetor. Ajuda-me a concentrar a mente nas coisas celestiais — coisas que são prometidas a mim. Continua a revelar-te nas maravilhas da criação e lembra-me de que, através do teu Filho, recebi a dádiva do teu favor para todo o sempre. Amém.*

Esperar é difícil: salmo 13

Até quando, Senhor? Para sempre te esquecerás de mim?
Até quando esconderás de mim o teu rosto?
Até quando terei inquietações e tristeza no coração dia após dia?
Até quando o meu inimigo triunfará sobre mim?

Salmos 13:1-2

Davi escreveu este salmo numa época de grande estresse. Imagine que você está com o rei Davi e seus homens, escondido numa caverna, cercado de inimigos. Não dá para saber se Deus os derrotará e salvará vocês. Você espera, sem saber qual será o resultado.

Agora, deixe de lado aquilo que Davi vivenciou e pense no que você está esperando. Um filho? O resultado dos exames médicos? Esperar não é fácil. Pode parecer que Deus se esqueceu de você. Mas será que seus sentimentos se baseiam em fatos? Será que Deus se esqueceu mesmo? Obviamente a resposta a essa pergunta é não, Deus não se esqueceu de você, mas a cronologia dele quase nunca está alinhada à nossa.

Quando você se encontra num período difícil de espera, o que é possível fazer para continuar a confiar em Deus?

Como é possível prosperar nossa relação com Deus, se ele parece demorar muito para responder às nossas orações? Por experiência própria, sabemos que as respostas do Senhor em geral são uma dessas três possibilidades: sim, não ou espere. Na maioria das vezes é "espere", e é preciso ser paciente para ver o que ele fará no decorrer do tempo.

O rei Davi estava sendo esmagado pelas adversidades. Seus inimigos o atacavam constantemente, e, na sua dor, ele não conseguia enxergar como Deus lhe apareceria outra vez. Sentia-se angustiado. Mas se lermos o salmo 13 até o fim, encontramos estas palavras:

> *Eu, porém, confio em teu amor;*
> *o meu coração exulta em tua salvação.*
> *Quero cantar ao Senhor*
> *pelo bem que me tem feito.*

Davi não sabia qual seria o desfecho de sua difícil situação, mas ele conhecia a Deus. O Senhor é bom o tempo todo. E isso bastou para Davi.

Nós também podemos depositar a esperança no Senhor durante nossos períodos de espera. Podemos confiar que ele é bom e sempre age para o nosso bem. E com esse conhecimento, a espera se torna a nossa força.

> *Aqueles que esperam no Senhor*
> *renovam as suas forças.*
> *Voam bem alto como águias;*
> *correm e não ficam exaustos,*
> *andam e não se cansam.*

> *Isaías 40:31*

Assim, enquanto espera, aproxime-se de Deus em vez de afastá-lo. Você pode querer pressioná-lo, mas as promessas de Deus permanecem verdadeiras quer ele responda no tempo que você deseja, quer não.

Por mais incrível que pareça, a alma pode ser fortalecida durante a espera, e Isaías e Davi testemunharam esse fato. O compositor Thomas Chisholm escreveu: "Força para hoje e esperança para o amanhã."[4] Leve essas palavras até o coração e as repita em voz alta. Elas serão um curativo para a sua alma.

Na espera mais difícil, imagine-se passando pelo pior cenário possível. *E se... eu nunca me casar? E se... nunca tiver filhos? E se... perder meu filho, meu cônjuge ou meus pais?* Termine cada cenário com as palavras: "Ainda assim, Deus está comigo."

A causa do seu medo e da sua dor é a possibilidade de aquilo que você espera não se concretizar? Se enfrentar os medos e ainda for capaz de dizer, junto com Jó, "que o nome do Senhor seja louvado" (Jó 1:21), a espera será mais suportável.

Tente decorar os versículos 5 e 6 do salmo 13 para louvar ao Senhor e dizer-lhe que você confia nele enquanto espera. Repita os versículos enquanto espera por coisas menores na vida, como o sinal abrir no trânsito ou a sua vez na fila.

Amado Senhor, a tua Palavra diz que a criação lamenta à espera de que tudo se renove, por isso não surpreende que eu também lamente enquanto espero. Ajuda-me a confiar em ti o que ainda não consigo ver. Ajuda-me a ser paciente na espera, a procurar-te, a permanecer ao teu lado. Na minha espera, faz crescer a minha fé. Ajuda-me a saber que tu ainda não me esqueceste. Obrigado por conhecer-te, embora eu não saiba o que o meu futuro me reserva. Sei que és bom; sei que me amas. Sei que és soberano sobre todas as coisas. Na minha espera, ajuda-me a lembrar-me dessas coisas e a aproximar-me de ti. Não quero afastar-te, porque assim eu não teria nada. Eu te amo. Amém.

---

[4] Thomas Chisholm, "Great Is Thy Faithfulness", 1923. Domínio público.

Próximo aos que estão de coração partido: Salmo 34

*Os justos clamam, o Senhor os ouve
e os livra de todas as suas tribulações.
O Senhor está perto dos que têm o coração quebrantado
e salva os de espírito abatido.*

*O justo passa por muitas adversidades,
mas o Senhor o livra de todas.*

Salmos 34:17-19

Muitos anos atrás, havia uma canção famosa de Scott Krippayne chamada "What Breaks Your Heart" [O que parte seu coração]. Um trecho da letra é: "Às vezes, tu choras conosco nas coisas pelas quais passamos",[5] sugerindo a ternura de Deus quando estamos de coração partido, e a música me lembra o salmo 34.

---

[5] Scott Krippayne, "What Breaks Your Heart", Spring Hill Music Group, 2001.

Uma das razões pelas quais Deus consegue entender nossa tristeza de um jeito tão íntimo é porque ele já a experimentou. Quando Jesus caminhou pela terra, sofreu um quebrantamento extremo, não só na cruz, mas no dia a dia também. Na verdade, ele foi desprezado e rejeitado. Jesus ansiava que as pessoas o aceitassem como seu Salvador e Messias, no entanto, elas zombaram dele e o crucificaram.

Ao enfrentarmos provações nesta terra, é fácil nos sentir desanimados a ponto de acreditarmos que Deus se afastou de nós. A nossa fé pode começar a vacilar à medida que nos questionamos se Deus de fato nos libertará das dificuldades. Quando a vida parece ser uma série de provações sem fim, é compreensível se desanimar e pensar que Deus não está te ouvindo. No entanto, Deus ouve nossos pedidos de socorro.

Ninguém quer saber como é ter um "coração quebrantado", como menciona o salmo 34. Talvez essa seja uma das piores experiências possíveis. O significado hebraico de "quebrantado" na passagem indica um sentimento contrito ou devastado. No jardim de Getsêmani, Jesus suou sangue por causa da agonia de espírito em que se encontrava. No entanto, ele orou: "Não seja feita a minha vontade, mas a tua" (Lucas 22:42).

O apóstolo Tiago reconheceu que, nesta vida, *passaremos* por provações de muitos tipos (Tiago 1:2). Mas Deus nos garante no salmo 34 que ele está próximo de nós quando estamos de coração partido, que nos ouve quando choramos e nos livra de todos os problemas.

Será que você se permite acreditar nisso neste momento? Descanse a sua mente no conforto e na compaixão de Deus. Ele está com você!

Ao pensar nas batalhas do seu dia a dia, lembre-se de recorrer à sua primeira linha de defesa: Jesus. Hoje, descanse na paz dele.

> *Santo Deus, por favor, perdoa-me por duvidar que tu podes me libertar de cada provação. Quando as dificuldades duram muito tempo, começo a sentir que estás longe. Por favor, ajuda-me a saber que estás perto. Hoje, entrego a ti todo o meu quebrantamento. Espero ansiosamente para ver como me livrarás de todas as aflições. Obrigado por estar perto de mim quando meu coração está partido e me sinto arrasado. Senhor, é reconfortante saber que tu compreendes plenamente as coisas pelas quais estou passando. Peço-te que me ajudes a conhecer o teu conforto e a tua compaixão, para que eu possa sentir a tua presença e receber forças de ti. Louvo-te por me defenderes e me sustentares com a tua justa mão direita. Em nome de Jesus, eu oro. Amém.*

Livre de fardos: Salmo 4

Em paz me deito e logo adormeço,
pois só tu, Senhor,
me fazes viver em segurança.

Salmos 4:8

Imagine que você está caminhando numa linda trilha nas montanhas. No início da caminhada, a mochila em suas costas não parecia pesada. Você estava animado e logo partiu para a trilha.

Mas agora, depois de caminhar por algum tempo, sente o peso da mochila e nem sequer consegue se lembrar de tudo que colocou nela. Certamente, ao arrumá-la, tudo o que você colocou nela parecia ser importante. Agora, porém, você sente o peso, e ele está te impedindo de aproveitar e admirar a bela paisagem ao redor. Não é isso que você quer sentir nesse momento de descanso. Quer estar livre dos seus fardos.

Embora na realidade você não esteja carregando um peso físico, talvez esteja carregando uma mochila emocional e mental. Faça agora uma pausa para se livrar das preocupações que pesam sobre você. Se estiver se sentindo ansioso, em vez de se envergonhar, ofereça essa ansiedade a Deus. Lembre-se de que Jesus disse que você pode lançar sobre ele suas preocupações (1 Pedro 5:7). Faça de conta que suas preocupações são pedras guardadas em uma mochila. Tire-as, uma por uma, e as entregue a Jesus. Se as preocupações voltarem a aparecer na sua mochila, não se preocupe; entregue-as novamente a Jesus. Ele é a ajuda que está sempre presente em tempos de aflição (Salmos 46:1). Ele não se cansa e deseja te dar a sua paz.

Depois de entregar seus medos e preocupações a Deus, sinta a leveza no seu espírito. Já não precisa mais carregar o fardo. Está livre dele. Sinta o alívio da retirada do peso em seus ombros. Sinta como os músculos do seu pescoço e das suas costas relaxam, livres da carga que levavam.

Sinta a presença de Deus com você, protegendo-o de todo o mal. Você está num lugar muitíssimo seguro quando confia em Deus. Permita que essa sensação de segurança plena o guie a um descanso mais profundo. Você não precisa estar sempre atento. Não precisa se preocupar com mais nada. Deus está aqui. Deus é bom. Deus está no controle. Se renda a Deus, sabendo que ele é amor. Nem um único músculo no seu corpo precisa estar tenso neste momento. Deus lutará por você o dia inteiro. Deus libertará você.

Deus é o seu protetor, defensor e libertador. Não há o que temer, pois ele está com você. Ele escuta e responde às suas orações. Ele está ao seu lado durante o dia e a noite, nunca te abandona. Todas as manhãs, quando você acordar, novas misericórdias estarão à sua espera.

Sinta a presença de Deus como um cobertor, proporcionando conforto, calor e proteção. Mergulhe profundamente nesse conforto. Cubra seu corpo relaxado. Imagine que você está se refugiando em Deus e cantando de alegria. Visualize os detalhes em sua mente: onde você está, na companhia de quem e o que Deus diz ao te olhar. Deus se deleita com você cantando.

Ó Senhor, tu me manténs seguro em paz, descansado e restaurado. Tu me consolas. Tu desejas dar-me todas as coisas boas. Tu me ouves quando eu te chamo e me enches de orgulho e alegria. Agora, Pai amado, enche-me de paz e de segurança. Permita-me sentir a tua presença, sabendo que estás perto e que estás sempre vigilante. Deus de todo o conforto, conforta-me. Tomaste sobre ti todos os meus fardos. Dá-me uma sensação da liberdade que tu me concedeste. Atrai-me para o teu descanso, a tua paz e o teu amor. Quando me deitar para dormir esta noite, que eu durma em paz, pois só tu, Senhor, dá-me segurança. E que eu possa acordar de manhã descansado com o teu canto de alegria no coração. Em nome de Jesus, eu oro. Amém.

Mais doce do que mel: Salmo 19

O temor do Senhor é puro
e dura para sempre.
As ordenanças do Senhor são verdadeiras,
são todas elas justas.

São mais desejáveis do que o ouro,
do que muito ouro puro;
são mais doces do que o mel,
do que as gotas do favo.

Salmos 19:9-10

Todos que têm olhos saudáveis já contemplaram o céu, que se estende eternamente sobre nossa cabeça. Você não o ouve falar; ele não tem palavras. No entanto, o céu proclama a glória de Deus em sua própria existência. Desde as cores suaves do nascer do sol até o vibrante espetáculo do pôr do sol, a majestade de Deus se comunica.

A Palavra de Deus, por outro lado, na maioria das vezes fala em alto e bom som em nosso coração e em nossa mente. Nós a ouvimos sendo pregada e lida, e o salmo 19 nos lembra que cada palavra é verdadeira e que podemos confiar nela.

Imagine que você está em casa sentado em sua poltrona favorita, aquecido e confortável. Você trabalhou o dia inteiro e está na hora de tirar os sapatos e se acomodar para passar algum tempo sozinho.

Numa mesinha ao lado está a sua Bíblia, a capa de couro amaciada por anos de uso. Ao lado dela há uma pilha de trabalho que você levou para casa, o qual poderá lhe render algum dinheiro extra se for feito esta noite. O pensamento é tentador.

E então você se lembra do pote de sorvete que o espera no freezer. O gosto doce te tenta. A perspectiva de sentir a doçura gelada leva seu paladar à loucura.

Você volta a olhar para a Bíblia e se lembra de como as palavras que estão ali alimentam sua alma inúmeras vezes.

Salmos 27:13: Apesar disso, esta certeza eu tenho: viverei até ver a bondade do Senhor na terra.

Hebreus 13:5: Conservem-se livres do amor ao dinheiro e contentem-se com o que vocês têm, porque Deus mesmo disse: "Nunca o deixarei, nunca o abandonarei."

João 10:10: "O ladrão vem apenas para furtar, matar e destruir; eu vim para que tenham vida, e a tenham plenamente."

Seu coração se anima quando o Espírito de Deus lhe traz à mente estas palavras.

Salmos 42:1: Como a corça anseia por águas correntes, a minha alma anseia por ti, ó Deus.

Romanos 5:8: Mas Deus demonstra seu amor por nós: Cristo morreu em nosso favor quando ainda éramos pecadores.

Sem parar, as palavras revigorantes de Deus te preenchem. Você se esquece do trabalho extra. Você se esquece do sorvete no freezer. Em suas mãos, está tudo que você precisa. As promessas de Deus são verdadeiras. As palavras dele dão vida.

Imagine que, ao passar o dia com o Senhor, você abre seu coração para o olhar dele. Você quer que cada parte sua seja vista, purificada e fique à disposição dele. Quer que cada pensamento e ação sua agradem a ele.

Com o salmista, você diz: "Que as palavras da minha boca e a meditação do meu coração sejam agradáveis a ti, Senhor, minha Rocha e meu Resgatador!" (Salmos 19:14).

> *Pai celestial, que o teu olhar vigilante esteja sempre sobre mim com amor e graça. Que eu possa, ao longo do meu dia, experimentar a maravilha da tua glória sempre que olho para o céu. Que eu possa ver as tuas maravilhas*

no sol e nas nuvens. Que o pôr do sol me lembre do teu amor e de tua grande compaixão, e que as estrelas me falem em silêncio da tua majestade e da tua intimidade, pois tu conheces cada um de nós pelo nosso nome. Enquanto durmo, dá-me sonhos pacíficos e satisfatórios, e se eu acordar durante a noite, que as tuas palavras santas e dignas de confiança estejam sempre nos meus pensamentos. Deus, tu és a minha rocha e o meu resgatador, o meu firme alicerce. Obrigado por lembrares que tu és poderoso e gentil, em todos os lugares ao mesmo tempo, mas sempre perto de mim. Em nome de Jesus, eu oro. Amém.

DE TODO O CORAÇÃO: SALMO 9

Senhor, quero dar-te graças
de todo o coração
e falar de todas as tuas maravilhas.
Em ti quero alegrar-me e exultar,
e cantar louvores ao teu nome, ó Altíssimo.

Salmos 9:1-2

Com palavras de louvor do rei Davi, uma canção que veio do coração, somos encorajados a oferecer nosso coração em adoração ao Deus vivo. Que as palavras "em adoração ao Deus vivo" fiquem profundamente gravadas em sua mente durante esse momento de reflexão em que você oferece todo o seu coração ao Senhor.

Davi começa este lindo salmo dizendo:

Senhor, quero dar-te graças de todo o coração
e falar de todas as tuas maravilhas.

> *Em ti quero alegrar-me e exultar,*
> *e cantar louvores ao teu nome, ó Altíssimo.*

E continua:

> *O inimigo foi totalmente arrasado, para sempre; [...]*
> *O Senhor reina para sempre; estabeleceu o seu trono para julgar.*
> *Ele mesmo julga o mundo com justiça;*
> *governa os povos com retidão.*
> *O Senhor é refúgio para os oprimidos,*
> *uma torre segura na hora da adversidade.*
> *Os que conhecem o teu nome confiam em ti,*
> *pois tu, Senhor, jamais abandonas os que te buscam.*

Como podemos tornar essas palavras reais em nossa vida?

As crianças têm um jeito de dizer exatamente o que vêm à mente de uma maneira honesta e desinibida. Elas se sentem livres para dançar na sala, cantar alto e contar histórias fantásticas que a mente inocente delas cria. É a maravilha infantil que as impede de reprimir as coisas e de se conterem. Muitas vezes, as crianças se dedicam de corpo e alma, seja brincando, imaginando, sonhando ou adorando a Deus livremente.

Permita que a maravilha e liberdade infantis atravessem seu coração e sua mente.

A falecida cantora gospel Aretha Franklin era apenas uma moça quando gravou um álbum *Songs of Faith*. Já adulta, lembrou-se de como cantava na igreja do pai e desenvolveu um amor pela música e pela adoração que a acompanhou ao longo da sua vida. Aretha mencionou uma noite em que ela e a irmã mais velha estavam viajando de carro e a rádio tocou uma canção em particular. Elas pararam o carro, saíram e dançaram ali mesmo na estrada!

É esse tipo de "doce abandono" que o Senhor deseja dos nossos louvores. Permita que esse cenário permaneça em sua mente por alguns momentos.

Respire a bondade de Deus. Ele ama você. Sabia disso? O amor de Deus é maior do que os céus. Não há limite para o amor dele. Você sempre está no alcance dele.

Permaneça na presença do Senhor.
Demore no seu amor.
Permaneça com ele.

O Senhor te acolhe como se você fosse uma criança. Jesus disse aos seus discípulos: "Deixem vir a mim as crianças e não as impeçam; pois o Reino dos céus pertence aos que são semelhantes a elas" (Mateus 19:14).

Como uma criança preciosa, descanse desimpedido nos braços de Jesus.

Confie naquele que te ama, que cumpre a sua palavra, que faz chover sobre você graça e misericórdia. Este poema foi escrito especialmente para você.

Eu te louvarei com todo o meu coração;
Nada me impedirá.
Nenhuma doença, trabalho ou preocupação
me impedirá de adorar-te.

Eu te louvarei com todo o coração
No meio da noite escura,
pois somente tu mereces o meu louvor,
minha esperança, minha força, minha luz.

Eu te louvarei com todo o coração
Quando acordo e quando durmo.
Confio em ti como uma criança
Que, para sempre, tu guardarás o meu coração.

Caro amigo, busque o Senhor, deposite nele a sua confiança e descanse profundamente nas palavras reconfortantes de Davi. Sinta a presença de Deus. Sinta o escudo dele em sua volta, a proteção de Deus. Permita-se descansar em segurança, provisão e paz.

Pai celestial, guardião do nosso coração, por favor, permaneça comigo e ajuda-me a confiar nos teus cuidados. Flui pela minha mente com palavras de verdade e promessas firmes. Transforma todos os meus pensamentos perturbados em canções de louvor. Com todo o meu coração, mente, alma e força, quero descansar em ti. De maneira suave e terna, enquanto Jesus chama meu nome, oro para que eu atenda o teu chamado e seja restaurado a uma fé e confiança infantil em ti. Pois é no precioso nome de Jesus que oro. Amém e amém.

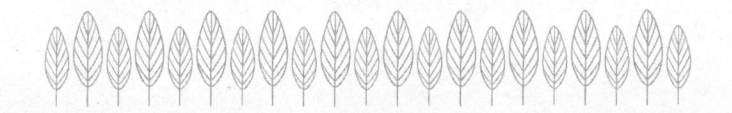

Nada a temer: Salmo 27

O Senhor é a minha luz e a minha salvação;
de quem terei temor?
O Senhor é o meu forte refúgio;
de quem terei medo?

Salmos 27:1

Davi estivera em fuga por muito tempo. Ele foi leal ao rei Saul, mas Saul o traiu e mandou matá-lo. Assim, Davi soube que Saul não estava apenas indo contra ele, mas contra Deus também. Ambos sabiam que Deus tinha escolhido Davi para suceder Saul, mas este não quis aceitar a decisão.

Para combater seus medos, Davi escrevia canções. Imagine-o pegando um pouco de barro úmido e, depois, o graveto que ele usava como ferramenta de escrita. Como sempre, as palavras começam a fluir livremente.

O Senhor é a minha luz e a minha salvação;
de quem terei temor?
O Senhor é o meu forte refúgio;
de quem terei medo?

Essas palavras trouxeram tamanho conforto a Davi. Ao sentar-se numa caverna escura, ele refletiu sobre como o Senhor era a sua luz. O Senhor era aquele que o salvaria. Davi sabia que não devia confiar no próprio poder insignificante.

Enquanto Davi passava a sua vida em fuga, ele encontrou grande alegria ao se lembrar de que o Senhor era o seu refúgio mais seguro do que a fortaleza mais poderosa.

Quando Deus é a sua luz, salvação e fortaleza, seus medos diminuem muito. Imagine que o Senhor está ao seu lado com o poderoso exército celestial para combater seu medo. Permita que essa imagem lhe dê confiança.

Mais que qualquer coisa, Davi queria habitar na casa do Senhor, o que significava que ele desejava estar na presença de Deus. Ele sabia que Deus estava consigo até na caverna escura, mas ansiava por adorá-lo em público, diante de Israel.

Imagine a tristeza de Davi ao pensar em como foi expulso dos lugares que amava. Mas, enquanto olhava para os campos de Israel, mesmo em exílio, Davi enxergava a obra de Deus. Ele sabia que o Senhor era ainda mais belo do que a sua criação. E encontrou muito conforto nisso. A beleza do Senhor é incrível e inspiradora.

O Senhor o manteve seguro, o abrigou e o levou até a mais alta rocha. Mesmo que ele não estivesse de fato nas alturas, com certeza estava nas alturas espirituais. Por meio de Cristo, Deus te leva às alturas espirituais, e por causa dessa obra milagrosa, você pode entoar cânticos para ele que vêm do coração.

Davi tinha clamado a Deus em angústia, dominado por suas emoções. Mas agora ele baixou os braços e colocou os pés no chão. Só assim é possível fazer o corpo e o coração seguirem a mente.

Davi não sabia quanto tempo levaria até que Deus o justificasse e o colocasse no trono. Não sabia quanto tempo levaria para Saul deixar de persegui-lo. Mas sabia uma coisa: já que Deus era seu protetor, ele não tinha nada a temer.

Nosso Pai celestial, nada tenho a temer, pois tu estás comigo. Tu és a minha luz e salvação. Nada pode ficar contra mim. Às vezes, parece que devo esperar, e esperar, e esperar pela tua ajuda; no entanto, sei que me abraças com teus braços fortes. E sou muito grato a ti. Obrigado por acalmares todos os meus medos e por nunca deixares de estar ao meu lado. Lembra-me disso durante todo o dia e quando me preparar para dormir esta noite, e me lembra disso se eu acordar à noite. Em nome de Jesus Cristo, eu oro. Amém.

A ALEGRIA VEM DE MANHÃ: SALMO 30

*O choro pode persistir uma noite,
mas de manhã irrompe a alegria.*

Salmos 30:5

Você sente tristeza no coração por causa de algumas dificuldades da vida? Talvez já tenha passado muitas noites encharcando de lágrimas o travesseiro por causa da perda de um membro da família, uma tragédia ou um fardo que já não consegue suportar.

Se as noites forem longas, a tristeza implacável, e você se perguntar se um dia isso vai passar, Salmos 30:5 não deixa dúvidas: vai passar. A tristeza não terá a última palavra na sua vida. A doença não terá a última palavra em sua vida. Se você estiver passando por um momento difícil de escuridão ou se estiver avistando as nuvens de uma tempestade no horizonte, saiba que isso é temporário.

O rei Davi escreveu em Salmos 30:5 que "o choro pode persistir uma noite, mas de manhã irrompe a alegria". Tudo bem, a alegria vem de manhã, mas quando chega a *manhã*? Quanto tempo vai demorar até o sol voltar a nascer?

Imagine que você está ao lado do rei Davi enquanto ele louva a Deus por ouvir as suas orações, tirá-lo do fundo do poço e curá-lo. A vida de Davi lhe foi devolvida, e ele quer que você saiba da notícia e celebre com ele. Davi acaba de sair de um período muito difícil, de problemas e de profunda angústia, e agora quer que você e todos os seus amigos o acompanhem em orações e cânticos de louvor ao Deus que respondeu às suas orações. Ele te convida a acompanhá-lo nas orações. Ele chama a todos os que podem ouvir: "Fiéis, cantem louvores ao Senhor; louvem o seu santo nome."

Davi olha diretamente para você. Ele quer que você se junte a ele para agradecer a Deus e cantar louvores, porque Deus ouviu os gritos pedindo por ajuda e o salvou. E Deus fará o mesmo por você.

Querido filho de Deus, o luto e a tristeza dura apenas até a manhã; quando a noite se vai, a tristeza desaparece. Jesus venceu o pecado e a morte. Ele ressuscitou vitorioso, e ele terá a última palavra. Jesus foi chamado de "resplandecente Estrela da Manhã" (Apocalipse 22:16). Onde Jesus está, não há mais tristeza. Ele é a Luz do Mundo. Ele traz luz para lugares escuros. Ele liberta a alma da cova. O luto se transformará em dança. A alegria vem de manhã.

Pai celestial, obrigado por garantir que as lutas e as tristezas deste mundo sejam temporárias. Obrigado pelo fato de que algum dia não haverá mais dor, algum dia enxugarás cada lágrima dos meus olhos. Transformarás o meu luto em dança e alegria eterna. Por favor, acalma meus pensamentos agitados. Leva embora os fardos que, às vezes, fazem cada hora de vigília ser de pavor em vez de alegria. Leva-me para um lugar de serenidade e união contigo. Traz descanso para a minha alma, me encha de pensamentos de paz e de visões de uma vida renovada. Em nome de Jesus, eu oro, amém.

Eu me deito e durmo: salmo 3

Eu me deito e durmo,
e torno a acordar,
porque é o Senhor que me sustém.
Não me assustam os milhares
que me cercam.

Salmos 3:5-6

O rei Davi escreveu o salmo 3 depois que fugiu com sua corte para Jerusalém no meio da noite. De maneira trágica, Absalão, seu filho ciumento, estava conduzindo uma rebelião para destronar Davi. Em determinado momento, os rebeldes até tentaram matá-lo. As pessoas que viajavam com Davi estavam exaustas, desanimadas e famintas. Teria sido fácil para Davi duvidar da bondade de Deus.

Em meio a tudo isso, porém, a fé de Davi em Deus permaneceu firme. Ele testemunhou como Deus forneceu comida e mantimentos ao seu povo faminto por meio de amigos em duas ocasiões diferentes. Assim, Davi concentrou seus pensamentos em Jeová.

Então ele escreveu:

Senhor, muitos são os meus adversários!
Muitos se rebelam contra mim!
São muitos os que dizem a meu respeito:
"Deus nunca o salvará!"

Mas tu, Senhor, és o escudo que me protege;
és a minha glória e me fazes andar de cabeça erguida.
Ao Senhor clamo em alta voz,
e do seu santo monte ele me responde.

Eu me deito e durmo, e torno a acordar,
porque é o Senhor que me sustém.
Não me assustam os milhares que me cercam.

Levanta-te, Senhor! Salva-me, Deus meu!
Quebra o queixo de todos os meus inimigos;
arrebenta os dentes dos ímpios.

Do Senhor vem o livramento.
A tua bênção está sobre o teu povo.

O rei Davi escrevia músicas com frequência, mas essa canção tinha um significado especial. Ela encorajava o povo a passar por suas provações e dava esperança em meio a uma grande adversidade. O exército de Davi derrotou Absalão, e o rei e a sua corte real voltaram para Jerusalém. Como diz o salmo de Davi, ele clamou o Senhor, e o Senhor respondeu. Ele se deitou para dormir, e Deus o amparou.

Deus permaneceu fiel e bom. É o que ele sempre faz.

Deus, o criador do universo, também está cuidando de você. Está te protegendo. Ele é o seu escudo. Ele ergue a sua cabeça. Ele te dá esperança. Quando você clama ao Senhor, ele responde — assim como respondeu a Davi.

Quando você se deita e dorme, ele te ampara.

Você não tem motivos para ter medo, porque "do Senhor vem o livramento".

Você é filho de Deus, assim como era Davi. Assim como um pai amoroso cuida de uma criança, Deus está cuidando de você agora.

Descanse nos braços de Deus, que são repletos de amor. Permaneça na presença poderosa dele. Aceite a dádiva da paz de Deus.

Pai amado, obrigado por eu ser o teu precioso filho. Louvo-te por seres o meu escudo e protetor. Obrigado por ergueres a minha cabeça. Agora, Pai, peço-te que me concedas a paz. A tua Palavra diz: "Eu me deito e durmo, e torno a acordar, porque é o Senhor que me sustém." Peço que me ajudes a encontrar descanso em ti. Quando me deitar para dormir à noite, que eu acorde renovado, pronto para servir-te mais um dia. Oro em nome de Cristo. Amém.

AGARRAR COM FORÇA: SALMO 119

Como pode o jovem manter pura a sua conduta?
Vivendo de acordo com a tua palavra.

Salmos 119:9

Adoro montanhas-russas. A expectativa, o preparo emocional, o coração palpitando na primeira subida, a sensação de que o tempo congela quando paramos no topo, e depois as intermináveis curvas, voltas e rodadas. Mas também é engraçado. Sei que meu cinto de segurança me mantém no lugar, mesmo assim me seguro com tanta força que os nós dos dedos empalidecem. Por quê? Porque, lá no fundo, não acredito que o cinto me mantenha seguro, apesar de ter sido testado por doutores em engenharia. Preciso me agarrar com força só para ter certeza de que vou ficar bem.

Às vezes, faço o mesmo quando devo confiar no Senhor. Mesmo que o criador do universo diga que a minha vida está nas mãos dele, eu me agarro a alguma coisa apenas para ter certeza de que vou ficar bem. Talvez, se me segurar e agarrar com um pouco mais de força, eu consiga dar conta da próxima tentação sozinho. Isso tem funcionado para você?

O autor do salmo 119 fez uma pergunta pertinente: como um jovem pode levar uma vida pura? A resposta veio em seguida: vivendo segundo a Palavra de Deus. Perceba o que falta nesse versículo. Ele não diz que devemos nos esforçar um pouco mais. Não diz que podemos permanecer puros se nos agarrarmos ainda mais forte, esperando pelo melhor. Pense em como você segura com força em si próprio em vez de se soltar e confiar na força de Deus. Quanto do seu esforço para levar uma vida cristã se baseia em sua própria força, e não na de Deus?

Ter autoconsciência, ou seja, perceber os momentos em que você está travando essa luta sozinho, é essencial.

Josué, um grande líder, era o braço direito de Moisés. Ele levou o povo de Deus para a terra prometida, apesar de todos estarem com medo. E com razão. De acordo com as histórias, havia soldados gigantes naquela terra. Mas Deus pediu a Josué que fosse forte e corajoso (Josué 1:6)!

O que isso significa para você? Leia as Escrituras. Reflita dia e noite sobre o que elas dizem. Peça força e coragem a Deus para obedecê-las. *Então, confie em Deus.* Se fizer isso, não precisará se agarrar a nada e não terá nada a temer.

Por isso, embarque na montanha-russa. Confie no cinto de segurança como se ele fosse a Palavra de Deus. Confie na barra que o segura no assento como se fosse a presença de Deus. Confie na engenharia da montanha-russa assim como confia nas promessas de Deus. Sim, o começo continua assustador, mas como você se sente depois do passeio? Pronto para ir mais uma vez? Cada passeio te torna mais forte.

Querido Pai celestial, agarrar-se à minha própria força pode ser cansativo. E quando se trata da minha relação contigo, os nós pálidos dos meus dedos são inúteis. Ajuda-me a soltar-me. Ajuda-me a me entregar a ti. Quando enfrento tentações, provações e tragédias, ajuda-me a viver uma vida pura, a viver de acordo com a tua Palavra. Por favor, ajuda-me a depositar e a manter a minha confiança em ti com todo o meu coração, e ajuda-me a não depender de mim e minha força para obter paz e compreensão, lembrando-me de que tu permaneces em mim e eu permaneço em ti. Ofereço e oro em nome de Jesus, teu Filho, nosso Salvador e meu Senhor. Amém.

Criado para viver em alegria: salmo 16

Tu me farás conhecer a vereda da vida,
a alegria plena da tua presença,
eterno prazer à tua direita.

Salmos 16:11

Você já experimentou alegria mesmo durante uma fase da vida em que as coisas não estavam indo bem? Você pode sentir alegria não importa pelo que estiver passando, porque ela não se baseia nos acontecimentos da vida. Por quê? Porque Jesus vive fora do tempo e do espaço. E ele é perfeitamente bondoso, perfeitamente amoroso e cheio de graça. Na presença de Jesus, você pode sentir a alegria que preenche o céu. Imagine só!

Neste momento, essa alegria parece estar fora do seu alcance? Se for o caso, não se desespere. Às vezes, na pior das circunstâncias, Deus nos oferece a mais profunda alegria: uma mulher foi diagnosticada com um tumor no cérebro, porém, seu rosto irradia paz e sua voz dá testemunho da fidelidade de Deus; um casal dá à luz uma criança com uma deficiência severa, porém, em meio à tristeza profunda e às lágrimas, é possível perceber a alegria deles na relação que mantêm com Deus.

O casal se agarra a ele com tudo que têm, porque Deus é sua âncora. As palavras dos dois dão testemunho da grandeza de Deus.

Não existe explicação terrena para tais comportamentos. A alegria provém apenas de estarem na presença de Deus.

Obviamente, todos querem se sentir felizes e alegres. Mas se continuar à espera de se "sentir" feliz, você perderá a plenitude da alegria que Deus quer te oferecer. Se alguma vez você se afastou de Jesus, já experimentou a falta de alegria que isso causa. Quando decidimos andar sozinhos, nosso coração anseia por mais. Mas, na presença de Jesus, há alegria.

Deus te criou porque isso agradou a ele. A alegria faz parte do caráter de Deus, e ele quer que você a tenha. Você foi criado para estar repleto de alegria. Nos dias de hoje, existem várias definições para esta palavra. Uma delas descreve a alegria como um "sentimento de grande felicidade". Outra diz que a alegria é "a emoção evocada pelo bem-estar, pelo sucesso ou pela sorte". Provavelmente a definição que mais se aproxima da palavra "alegria" usada na Bíblia é "a emoção de grande prazer ou felicidade causada por algo excepcionalmente bom ou satisfatório".[6] Jesus é aquele que é excepcionalmente bom e satisfatório.

Deus está sempre agindo na sua vida. Ele te mostra o caminho de vida. Ele te dá força. E te oferece a alegria do Senhor. Jesus te deu a vida eterna, e nada pode mudar isso. Deus está sempre com você, e nada pode mudar isso. Não importam os acontecimentos que você enfrenta, sempre há a opção da alegria — aquela baseada em realidades eternas em vez de coisas temporárias.

É possível experimentar muitas alegrias temporárias nesta vida, mas Deus diz que a alegria completa só é encontrada na presença dele.

> *Querido Deus Pai, tu conheces a minha situação. Obrigado por compreenderes todas as dificuldades, dores e julgamentos. Quero ter a tua alegria em cada situação e época. Por favor, aproxima-me mais de ti. Abre os meus olhos para ver mais de quem tu és. Obrigado pelo presente do teu Filho Jesus. Acredito que conhecê-lo é a maior alegria que existe. E por mais difícil que esta vida possa ser, sei que isso é temporário. Por favor, ajuda-me a aprender a buscar a tua presença em todas as circunstâncias. Aproxima-me de ti e ensina-me mais sobre a tua alegria. Em nome de Jesus, amém.*

---

[6] Dictionary.com, veja o verbete "joy". https://www.dictionary.com/browse/joy?s=t. Acesso em 18 de fevereiro de 2021.

Minha ajuda vem de Deus: salmo 121

Levanto os meus olhos para os montes e pergunto:
De onde me vem o socorro?
O meu socorro vem do Senhor,
que fez os céus e a terra.

Salmos 121:1-2

Imagine que você está num vale tranquilo. Um lugar exuberante com altas colinas verdes gloriosas que se erguem à distância. Flores silvestres colorem a paisagem. Narcisos amarelos. Jasmins brancos com pétalas perfumadas. Você está andando pelo vale em plena paz, respirando o ar fresco da primavera. Lá no alto, vê um céu azul límpido com nuvens que flutuam com o vento. Serenidade e paz te cercam. Você está feliz e relaxado por completo.

Conforme caminha por este belo vale e passa pelas colinas verdes, suaves e ondulantes ao redor, você entende de onde vem a sua ajuda. Ele está ao seu lado com vestes reluzentes: o Senhor ressuscitado. Ele é a paz. Você está imerso numa sensação de tranquilidade e segurança.

Ao olhar para a magnífica paisagem do vale, você *sabe*, apenas pela beleza da criação, que Deus é o seu Criador, o seu provedor, a sua ajuda.

Sinta agora a presença dele. Ele está com você no vale. Deus Pai te chama lá naquelas colinas. Seu coração se regozija com a voz dele. Você o chama de volta, e antes mesmo que sequer uma palavra saia de sua boca, ele já sabe. Ele já está oferecendo a ajuda de que você precisa no momento certo e da maneira certa. Como é possível saber disso? Romanos 8:26 diz: "O Espírito nos ajuda em nossa fraqueza, pois não sabemos como orar, mas o próprio Espírito intercede por nós com gemidos inexprimíveis." Deus sabe quais são suas necessidades. Ele está sempre presente para você.

Encante-se diante da fidelidade de Deus, daquele que não descansa nem dorme. Ele nunca se cansa. Ele é uma presença constante em sua vida. Você não tem nada a temer.

Mesmo durante as vigílias, quando o caminho é escuro e desconhecido, você não tropeça. O Espírito dele te guia.

A segurança que você sente nos braços amorosos do Senhor é a maior proteção que se pode sentir. Todas as preocupações da vida se perderam na noite. Você consegue respirar fundo e saber que está completamente seguro. Nenhum mal pode te acontecer, pois o Senhor está te protegendo de tudo o que é prejudicial ou contrário do amor dele por você. A sua vida está nas mãos de Deus. Você nunca se sentiu tão protegido. É como se paredes de amor se erguessem ao seu redor para impedir que algo o atinja. Você está cercado pela paz perfeita de Deus.

Ao atravessar o vale e encontrar um pasto, a sua vida está guardada e protegida no curral do Grande Pastor. Ele vigia suas idas e vindas. Nada escapa de sua soberania. Ele vela por ti a partir deste momento, agora e para sempre.

> *Deus gracioso, obrigado por tua proteção. Ajuda-me sempre a lembrar que a minha ajuda vem só de ti. Abraça-me com teus braços ternos e amorosos. Oro por uma sensação de paz e segurança ao lembrar-me de que tu me amas e cuidas de mim. Dá-me visões e sonhos da tua esperança. Renova-me todos os dias. Ajuda-me nos momentos de necessidade, e permita que eu durma profundamente sempre que deitar a minha cabeça. Em nome do Pai, do Filho, e do Espírito Santo, amém.*

Praticando gratidão: salmo 92

Como é bom render graças ao Senhor
e cantar louvores ao teu nome, ó Altíssimo,
anunciar de manhã o teu amor leal
e de noite a tua fidelidade.

Salmos 92:1-2

Você sente que, às vezes, parece que mais coisas estão dando errado do que certo em sua vida?

Quando os tempos são complicados, nem sempre é fácil dar graças a Deus. Mas, às vezes, quando a vida está ainda mais complicada, você pode ser renovado louvando a Deus.

É o que nos diz o salmo 92. Quer a última semana tenha sido cheia de alegria, repleta de dificuldades, ou uma combinação de alegria e desafios, a alma pode florescer se você fizer uma pausa e der graças, reconhecendo que, mesmo nas dificuldades, Deus está presente e proverá. O amor dele tem sido firme e fiel, sempre esteve com você.

Tradicionalmente, o salmo 92 é cantado no sábado, o dia de descanso. É o único salmo no texto hebraico designado a este dia da semana. Qual será o louvor que traz descanso para nossas almas?

É bom dar graças ao Senhor e cantar louvores a ele. Talvez você tenha visto essa bondade em sua vida como o resultado da prática da gratidão, mesmo em tempos difíceis. O salmista diz que canta com alegria quando vê as criações de Deus e que se regozija com a profunda sabedoria divina.

Talvez a ideia de que os pensamentos do Senhor são muito profundos e estão fora do alcance de nossa compreensão seja assustadora em vez de inspiradora. É possível que você se sinta frustrado pela sua incapacidade de compreender os caminhos de Deus. Mas o salmista se consola com os caminhos sábios e incompreensíveis de Deus.

Imagine como seria passar um dia inteiro praticando gratidão pela bondade de Deus: ao acordar, antes de pegar no celular ou de ligar o chuveiro, você dá bom-dia a Deus. Você diz: "Deus, obrigado pela tua bondade." Conforme o dia passa, você agradece a ele por todas as coisas: pelo seu café ou chá, pelo engarrafamento ou pelo trânsito livre, pela luz do sol ou pela chuva.

À noite, em vez de pegar no sono à mesa de trabalho ou diante da televisão ou da tela do celular, você encerra o dia regozijando-se com as formas específicas em que Deus tem sido fiel. Você agradece por como ele o protegeu e por como ele te guiou na sabedoria dele. Ao olhar para trás, vê que ele esteve contigo a cada momento do dia. Será que hoje poderia ser um dia como esse que acabou de imaginar, um dia marcado pela oração e pelo louvor, um dia cheio da consciência de que Deus está com você e repleto de graça por prover a cada momento?

Eu o convido a praticar a gratidão. Talvez você descubra que a sua alma começa a cantar a Deus.

> *Deus Altíssimo, eu declaro, junto ao salmista, que tu és digno de louvor. Tu és a minha rocha e o meu redentor! Posso descansar porque tu estás no controle. O teu amor é constante e fiel. A tua provisão é infinita. A tua misericórdia é perfeita e a tua graça, completa. Tu me deste o teu único Filho para salvar a minha alma. Enviaste o teu Espírito para viver em mim. Admirado, eu me encanto diante de ti. E eu louvo o teu nome! Enche o meu coração de gratidão e alegria. Em nome do teu precioso Filho Jesus, eu oro. Amém.*

A DÁDIVA DO SONO: SALMO 127

Será inútil levantar cedo e dormir tarde,
trabalhando arduamente por alimento.
O Senhor concede o sono àqueles a quem ama.

Salmos 127:2

Talvez você nunca tenha considerado que dormir é um presente de Deus. Mas o sono é um lindo presente de paz e descanso que vem da mão do Pai. Vamos desembrulhar esse presente hoje.

Imagine o seu amoroso Criador te entregando um belo pacote embrulhado. Ele te incentiva a desfazer o laço. Ele te orienta a tirar o papel de presente. Ele espera com paciência enquanto você abre a caixa e descobre um presente lindo: dormir.

Dormir é um presente, pois o sono nos permite processar, restaurar e fortalecer o corpo e a mente. À medida que somos levados pelos ciclos do sono, a mente é capaz de processar os acontecimentos do dia. Somos capazes de organizar a informação, arquivá-la e lembrar aquilo que é mais importante. Dormir faz bem para cada célula do nosso corpo. O sono nos rejuvenesce, restaura nossos tecidos e nos fortalece após um longo dia de muito trabalho.

Ah, que belo presente do nosso Pai celestial! Desde que nos criou, ele sabe do que nosso corpo precisa, por isso concebeu o sono. E não é só o corpo físico que precisa de sono, mas também o espírito precisa do verdadeiro descanso de Deus.

Saiba que acordar cedo, pronto para um novo dia, pronto para trabalhar com disposição, é uma coisa boa. No entanto, começar o dia com o coração ansioso não é nada bom.

Em vez de acordar cedo com problemas atormentando seu coração, tente começar o dia com uma meditação tranquila. Que as palavras de Deus sejam as primeiras palavras que você ouve todos os dias. Pois as misericórdias de Deus são novas todas as manhãs.

Então, à medida que o dia passa, aconteça o que for, você se lembrará das doces palavras de sabedoria que ouviu naquela manhã. Pode levar consigo a Palavra de Deus como um guia, um conforto e uma meditação pacífica.

No final do dia, resista à tentação de continuar trabalhando durante a noite. Leia as sábias palavras de Salomão que, no versículo 2 do salmo 127, disse: "Será inútil levantar cedo e dormir tarde, trabalhando arduamente por alimento. O Senhor concede o sono àqueles a quem ama."

Muitas vezes, quando não conseguimos dormir à noite, é porque estamos nos agarrando às preocupações desta vida. Lutamos para esquecê-las, já que lutamos para confiar em Deus. Esquecemos que Deus é soberano sobre nós, e ele nos deu o sono como um presente.

Caro amigo, o Senhor vela por ti quando você acorda e quando você se deita. Ele está cuidando de você.

Obrigado, bom Pai, pelo presente do sono. Obrigado por saber o que preciso ao final de um longo dia. Ajuda-me a entregar a ti todas as preocupações. Por favor, cubra-me com a tua paz e proteção, para que eu possa relaxar por completo e encontrar o verdadeiro descanso na tua presença. Ajuda-me a entregar-te a minha vida e a receber o presente do verdadeiro descanso. Oro para que eu encontre conforto e paz na tua presença. Por favor, ajuda-me a abrir mão de tudo o que está na minha mente ou no meu coração. Obrigado por me amar. Obrigado por me proteger. Obrigado pelo presente do sono. Amém.

Erga sua voz!: salmo 40

*Pôs um novo cântico na minha boca,
um hino de louvor ao nosso Deus.
Muitos verão isso e temerão,
e confiarão no Senhor.*

Salmos 40:3

Quando está sofrendo e esperando pela libertação, o que você faz? Quando Deus salvou o rei Davi e lhe deu uma nova canção, muitas pessoas testemunharam a grandeza do amor de Deus, que é capaz de nos salvar. A canção que Deus deu a Davi levou muitas pessoas a depositar a confiança em Deus.

Deus te libertou do pecado e da morte. Ele te resgatou do reino das trevas e trouxe você até o reino de seu Filho. Que o seu coração se encha de alegria e graça por tudo o que Deus fez por você. Peça a Deus que lhe mostre o poder dele na sua vida e que o use para atrair muitas outras pessoas para adorá-lo.

Pense nos medos, nas preocupações e nas tensões que têm pesado sobre você. Deus pede para você entregá-los e confiá-los a ele.

Imagine que você está fazendo uma caminhada num dia agradável, mas de repente o chão cede e você cai num poço. Você não esperava por isso! Não decidiu ir parar ali. Mas, mesmo assim, está no escuro, coberto de lama. Caiu tão fundo que mal consegue ver a luz vinda da superfície.

Quando clama por ajuda, sua voz parece ecoar no vazio do poço. Mas Deus está te ouvindo. Antes que você perceba, está sendo erguido, banhado e colocado em terra firme.

Nesse chão firme, você encontra uma canção que está brotando em seu interior e, conforme segue o caminho, começa a cantar.

Muitos viram o seu resgate e ainda mais pessoas estão ouvindo sua canção. Eles começam a ir até você, um a um ou em pequenos grupos, e perguntam quem o salvou e o que acabou de acontecer.

Como seria a sua canção? Imagino que seria uma música de grande louvor àquele que te salvou, àquele que te tirou daquele poço repleto de lama. Talvez você não acredite que possa escrever salmos de louvor como os antigos salmistas, mas você pode louvar a Deus com o que enche o seu coração hoje. Levante a sua voz! Ele é digno do seu louvor.

> *Deus, as tuas maravilhas são numerosas demais para contar. Não escondas de mim as tuas ternas misericórdias. Que o teu infalível amor e fidelidade me protejam sempre. Coloca uma nova canção no meu coração, e eu cantarei para sempre o teu amor. Tu és aquele que liberta. Por meio do teu grande poder, do teu amor infalível e, por meio da vida, morte e ressurreição do teu Filho Jesus, tu me salvaste do pecado e me trouxeste para o teu reino. Cantarei os teus louvores para sempre. Obrigado, Deus. Em nome de Jesus, eu oro. Amém.*

Em terreno plano: salmo 143

Ensina-me a fazer a tua vontade,
pois tu és o meu Deus;
que o teu bondoso Espírito
me conduza por terreno plano.

Salmos 143:10

Ao orar com fé diante de uma dificuldade, você acredita que Deus te *libertará* dessa provação ou que ele é *capaz* de te libertar? Às vezes, tudo que queremos é pisar em terreno plano. Suponho que Jó se sentiu assim. O mundo dele foi abalado quando perdeu tudo de uma só vez.

Quando enfrentamos diversas provações, é difícil fazer uma oração obediente, sincera, humilde e cheia de fé. Mas essas orações são onde o bom Espírito de Deus pode nos conduzir para um terreno plano e firme, mesmo que estejamos no meio de um terremoto.

Você reconheceu as três partes de Salmos 143:10? A primeira e a terceira, "ensina-me a fazer a tua vontade" e "me conduza por terreno plano", são suportes perfeitos. Por quê? "Pois tu és o meu Deus" é sempre o *motivo*. Não fazemos a vontade de Deus para nosso propósito, mas sim para o dele. Esse princípio pode ser refletido nas suas orações. Reflita de maneira profunda e, quando estiver orando, se concentre mais em Deus e menos em você (ou, para ser sincero, *não se concentre em você*).

Assim, os suportes são "ensina-me" e "conduza-me". Ensina-me a seguir Deus e conduza-me a um terreno plano. Observe que, na verdade, o versículo diz: "que o teu bondoso Espírito me conduza por terreno plano." Pense nisso quando estiver em oração. Imagine a mão dele na sua. Sinta-se nivelado, em terra plana.

Salmos 25:4-5 é uma passagem linda e parecida:

Mostra-me, Senhor, os teus caminhos,
ensina-me as tuas veredas;
Guia-me com a tua verdade e ensina-me,
pois tu és Deus, meu Salvador,
e a minha esperança está em ti o tempo todo.

O apóstolo Paulo escreveu uma carta à igreja em crescimento numa cidade chamada Colossas, na atual Turquia. Ele a escreveu para ajudar os colossenses a entenderem quem é Cristo. Ele escreveu:

> Por essa razão, desde o dia em que o ouvimos, não deixamos de orar por vocês e de pedir que sejam cheios do pleno conhecimento da vontade de Deus, com toda a sabedoria e entendimento espiritual. E isso para que vocês vivam de maneira digna do Senhor e em tudo possam agradá-lo, frutificando em toda boa obra, crescendo no conhecimento de Deus e sendo fortalecidos com todo o poder, de acordo com a força da sua glória, para que tenham toda a perseverança e paciência com alegria, dando graças ao Pai, que nos tornou dignos de participar da herança dos santos no reino da luz (Colossenses 1:9-12).

Conhecer Deus e ter vontade de permitir que o Espírito dele te guie são a chave para permanecer em terreno plano. Encontre força para essa caminhada na Palavra de Deus, onde ele pode ensinar-lhe cada vez mais sobre si mesmo.

Deus amado que responde minhas orações, por favor, dá-me hoje a força
para parar e pedir a tua ajuda e a tua orientação. Por favor, dá-me as tuas

palavras, o teu coração, o teu desejo por uma oração obediente, sincera, humilde e cheia de fé. Ensina-me a fazer a tua vontade para que eu possa agradar a ti, pois tu és o meu Deus; e que o teu bom Espírito me conduza por terreno plano. É em nome de Jesus que oro. Amém.

CRIA EM MIM UM CORAÇÃO PURO: SALMO 51

*Cria em mim um coração puro, ó Deus,
e renova dentro de mim um espírito estável.*

Salmos 51:10

A maioria de nós anseia pela purificação e por se tornar repleto de boas qualidades, assim será possível encontrar o favor de Deus. Mas esse versículo do salmo 51 é contra essa ideia. Davi pediu a Deus que criasse nele um coração puro. Em outras palavras, ele sabia que a purificação estava fora de seu alcance e que precisava que Deus fizesse isso por ele.

O rei Davi entendia a gravidade da necessidade de ser purificado por Deus a fim de ter um coração puro. Depois de seu adultério com Betsabá, Davi foi confrontado pelo profeta Natã. Por se sentir condenado a seu pecado, ele clamou ao Senhor por um coração e espírito renovados.

Esse era o mesmo Davi que, anos antes, foi elogiado por ser um homem segundo o próprio coração de Deus. E ele era! No entanto, como todos nós, Davi precisava de um lembrete de que só Deus pode criar um coração puro e um espírito santo. Nossas tentativas de santidade não vão tão longe.

Quando olhamos para trás, para o momento em que Deus criou Adão e Eva e deu a eles o sopro da vida, vemos o seu plano inicial para a humanidade, o desejo que tivéssemos um coração e um espírito puro dentro de nós. Ele queria que caminhássemos em perfeita união com ele.

Contudo, em pouco tempo Adão e Eva se afastaram da união perfeita com Deus. Satanás enganou Eva, fazendo-a desviar sua atenção de Deus e voltá-la para os desejos da carne. Quando ela cedeu aos desejos carnais, o coração se maculou de pecado.

O salmo de purificação de Davi veio depois de ele ter cometido os pecados de homicídio e adultério. Mesmo em seu mais profundo remorso, ele sabia que Deus era um Deus justo, disposto a perdoar.

E no Novo Testamento, 1 João 1:9 nos diz que, quando confessamos nossos pecados, Deus é fiel e justo ao nos perdoar e nos purificar de toda a injustiça.

Às vezes, nossa dúvida e culpa nos impedem de receber o poder purificador de Deus. De maneira equivocada, acreditamos que nos afastamos demais para sermos renovados. Mas isso não é verdade. Hoje mesmo, Deus anseia por renová-lo! Tudo que ele pede é que você tenha o coração aberto para isso.

O salmo 51 tem algumas percepções maravilhosas sobre como Davi orou por renovação. No versículo 12 ele diz: "Devolve-me a alegria da tua salvação e sustenta-me com um espírito pronto a obedecer." Às vezes, nos esquecemos dessa verdade e permitimos que as lutas diárias embacem nossa visão e diminuam a alegria que temos em Jesus Cristo.

Para termos um "espírito aberto", é preciso concentrar a mente nas coisas que o Espírito Santo deseja: amor, alegria, paz, paciência, amabilidade, bondade, fidelidade, mansidão e domínio próprio. Todas essas características estão listadas em Gálatas 5:22-23 como o fruto que o Espírito Santo desenvolverá em nossa vida quando confiamos em Deus.

Já quase no fim do salmo 51, Davi admite que ele só pode se apresentar ao Senhor com humildade. Ele diz: "Os sacrifícios que agradam a Deus são um espírito quebrantado; um coração quebrantado e contrito, ó Deus, não desprezarás."

Você se sente abatido diante do Senhor? Precisa ser purificado?

Sandra Felton, autora de *The Messies Manual*, dá dicas práticas para limpar e organizar a casa. Ela aconselha começar pela porta da frente e avançar da direita para a esquerda, de cima para baixo, fornecendo um plano metódico para pôr em ordem todas as partes da casa.[7] Da mesma forma, é possível formular um plano a fim de organizar a mente e preparar o coração para receber a limpeza completa de Deus.

---

[7] Sandra Felton, *The Messies Manual: A Complete Guide to Bringing Order and Beauty to Your Home* (Grand Rapids: Revell, 2005). Veja também o site messies.com.

A começar pela humildade, podemos nos tornar submissos a Deus por meio das orações. Depois podemos passar para a adoração, permitindo que a alegria e o louvor limpem as "teias de aranha" da nossa alma. Por fim, podemos ler a Bíblia e permitir que a Palavra nos purifique por meio da ação do Espírito Santo.

Esteja se preparando para começar o dia ou prestes a se deitar, saiba que Deus está ao seu lado para te perdoar, abraçar e para que você experimente a sua paz.

> *Gracioso Deus, sei que só sou renovado por meio do teu Espírito. Preciso do teu toque purificador. Obrigado por teu julgamento, pois me lembra que só tu podes renovar meu coração, minha mente e meu espírito. Não há nada que eu possa fazer sozinho para me tornar puro ou santo. Só pelo teu poder purificador que sou justificado diante de ti. Obrigado por me dar um coração e um espírito puro. Nada mais quero do que ser uma pessoa segundo o teu coração. Entrego a ti as formas como tentei tornar-me suficientemente puro, pois é apenas pela tua graça que continuo de pé. Em nome de Jesus, eu oro, amém.*

Você está exausto?: Salmo 145

O Senhor está perto de todos os que o invocam,
de todos os que o invocam com sinceridade.
Realiza os desejos daqueles que o temem;
ouve-os gritar por socorro e os salva.

Salmos 145:18-19

Sabia que seu coração bate, em média, 75 vezes por minuto? Isso significa que ele bate 108 mil vezes por dia e o sangue percorre mais de 19 mil quilômetros a cada 24 horas![8] Não é de se admirar que, às vezes (ou muitas vezes?), você se sinta cansado! Não é só o nosso corpo que realiza proezas espantosas. Também enfrentamos as pressões e tentações diárias da vida.

---

[8] Math-Geography Lesson Plan, American Heart Association. https://www.heart.org/idc/groups/heart-public/@wcm/@fc/documents/downloadable/ucm_454347.pdf. Acesso em 19 de março de 2021.

A vida é um campo de batalha. Talvez você queira ser como um hamster na rodinha, cuja energia parece nunca se esgotar. Mas, às vezes, sua energia se esgota horas antes do pôr do sol. Nesses dias, é fácil sentir-se derrotado e sozinho. No entanto, Jesus pede que venhamos até ele quando estivermos cansados e sobrecarregados, e ele nos dará descanso (Mateus 11:28). O Senhor não quer apenas que você sobreviva; o desejo dele é que você prospere.

O Pai celestial ama e cuida de você. Por ser um Deus sempre presente, ele ouve todas as suas orações. Quando você sente que não tem mais forças, o Senhor proverá. Ele não deixa os filhos desamparados. Nele está a salvação, a libertação e a vida. Como filho de Deus, sua responsabilidade é confiar nele. Quando se sentir cansado, com a fé abalada, clame ao seu Pai, que te ouve e anseia por te consolar quando você está aflito.

Existe uma diferença entre se sentir cansado e se sentir exausto. Quando estamos cansados, o descanso físico pode nos restaurar. Quando estamos exaustos, porém, só a paz de Deus será capaz de nos fortalecer. Podemos nos perder em vários tipos de atividades maravilhosas, mas, se formos além do que Deus quer que façamos, corremos o risco de ficar exaustos. O excesso de cansaço, a falta de descanso ou até a falta de movimento pode fazer nosso corpo se sentir exausto. A exaustão é um fenômeno da alma.

Alguma vez você se esforçou ao máximo para fazer algo por outra pessoa, uma coisa "boa", e então descobriu que seu esforço não basta? Você ficou arrasado quando percebeu isso, não foi? Quando você está cumprindo o chamado de Deus, porém, sente a força de uma águia. Seu espírito é renovado. Você se eleva às alturas. Mesmo que suas próprias ações te derrubem, Deus está sempre presente para te levantar e oferecer descanso. A única tarefa é permanecer em Cristo e seguir as instruções dele.

Adoramos um Deus capaz de fazer muito mais do que tudo que pedimos ou podemos imaginar. Nosso Deus é grande assim. Descanse sabendo que ele é um Pai bom e amoroso, que deseja o melhor para os filhos. Não importa se você está cheio de energia ou em um momento de fraqueza, lembre-se de que você serve a um Deus que ouve seu chamado. Descanse nesse glorioso conhecimento.

> *Senhor amado, ao tomar um momento para pensar em como desejas que eu esteja diante de ti, mesmo na minha fraqueza, fico maravilhado por teu enorme amor por mim. Obrigado por desejares que eu compartilhe tudo a meu respeito, inclusive o que causa dor no meu coração. Ajuda-me a usar até meu cansaço para te honrar. Apoio-me na promessa de que tu és o Senhor que está perto de mim nos momentos de força e de fraqueza. Obrigado por*

me encontrares sempre quando clamo a ti. Obrigado por me responderes quando te chamo. Mesmo quando sinto que não tenho forças para continuar, ajuda-me a confiar em ti para me carregar. Em nome de Jesus, eu oro. Amém.

Deus sustentará você: salmo 55

Entregue suas preocupações ao Senhor,
e ele o susterá;
jamais permitirá
que o justo venha a cair.

Salmos 55:22

Se você mora num lugar em que ocorrem terremotos, sabe o que é ver tudo balançando de repente, sem aviso. Às vezes, o tremor não passa de poucos segundos, mas, em outras situações, pode durar alguns minutos. E é sempre perturbador.

Quando algo parece estar além de seu controle, é como se um terremoto estivesse acontecendo em sua vida. Com certeza, foi isso o que o rei Davi pensou a cada vez que o rei Saul tentou matá-lo quando seu filho, Absalão, rebelou-se contra ele. Davi escreveu o salmo 55 depois de um desses "terremotos". Ainda assim, no versículo 22, ele nos lembra: "Entregue suas preocupações ao Senhor, e ele o susterá; jamais permitirá que o justo venha a cair." Davi sabia que Deus não iria permitir que ele desistisse do propósito divino.

O que você faz quando se depara com um terremoto em sua vida? Fica se revirando na cama à noite enquanto os pensamentos te invadem feito um redemoinho? Ou entrega suas preocupações ao Senhor? Você se mantém firme na promessa de Deus para sustentar sua vida?

É mais fácil falar sobre a confiança na promessa divina de nos sustentar do que de fato colocá-la em prática. Talvez você até tenha tentado entregar suas angústias a Jesus, mas acabou se sentindo sobrecarregado com o peso dessas preocupações. No entanto, mesmo na pior circunstância, Deus promete segurar sua mão. Ele vai apoiar e cuidar de você. Vai realizar bons propósitos para sua vida. O poder do Senhor é maior do que a fraqueza que você sente. A graça divina é maior do que a necessidade pela qual você passa. E os propósitos do Pai são maiores do que você pode imaginar.

Efésios 6:10-18 mostra como você pode usar a Palavra de Deus para se manter firme, não importa quais as circunstâncias que ameaçam sua vida. O texto fala sobre vestir a armadura completa de Deus, e então ser capaz de resistir às artimanhas do diabo: o cinto da verdade, a couraça da justiça, os pés calçados na prontidão que vem do Evangelho da paz, o escudo da fé, o capacete da salvação e a espada do Espírito, que é a Palavra de Deus.

Todas as ferramentas de que precisa para se manter firme estão à sua disposição, mesmo quando terremotos ameaçam abalar seu mundo, porque o Espírito de Deus vive em você. Ele prometeu que sustentaria sua vida. A palavra "sustentar" significa "manter de pé", "apoiar" e "cuidar". Ao longo da vida do rei Davi, Deus fielmente o protegeu, o livrou do mal e o manteve próximo de seu coração. Confie que ele fará o mesmo por você.

> *Pai, às vezes, o peso das circunstâncias ameaça me esmagar. Sinto como se meus pés vacilassem e eu não pudesse suportar. Mas sei que tu ainda estás comigo. Ajuda-me a discernir tua presença. Ajuda-me a lembrar de tua promessa de nunca se afastar ou me abandonar. Firma meus pés no terreno sólido de tua Palavra e, assim, não serei abalado. Obrigado por me sustentar e erguer. Confio em ti. Obrigado pelo encorajamento que tua Palavra proporciona. Senhor, tu sabes como me sinto fraco e como as circunstâncias são difíceis. Escolho lançar sobre ti meus fardos, e peço que me sustente a cada situação. Por favor, derrama tua força sobrenatural em mim de maneira que possas realizar coisas ainda maiores do que eu possa pedir ou imaginar. Permita que eu vislumbre teu sustento em minha vida. Fortalece meu coração na confiança de que tu estás realizando teus bons planos em minha vida, mesmo por intermédio de meu sofrimento. Amém.*

Cante cânticos da verdade: salmo 59

Mas eu cantarei louvores à tua força,
de manhã louvarei a tua fidelidade;
pois tu és o meu alto refúgio,
abrigo seguro nos tempos difíceis.

Salmos 59:16

Nós as chamamos de músicas-chiclete — aquelas que ficam grudadas e repetindo sem parar em sua mente. É impossível parar de cantá-las ou ouvi-las tocando em sua cabeça, e nada consegue tirá-las dali. Seja uma música de comercial ou apenas um refrão irritante, ela pode te levar à loucura.

É muito melhor deixar que as verdades de Deus se tornem músicas-chiclete, assim será inevitável ouvir e cantar a grandeza do seu Deus. Em vez de irritantes, elas podem ser um bálsamo e um conforto para a alma. Podem te energizar com alegria.

Quais verdades sobre Deus você precisa cantar sem parar?

Pense nas verdades que estão na Trindade: Deus é forte e firme, uma ajuda onipresente em tempos difíceis. O Espírito Santo é o nosso guia e consolador, nos dando poder sobre o inimigo, residindo em nós e nos preenchendo. E Jesus é a encarnação da presença de Deus. Deus entre nós. O nosso Salvador, redentor e amigo.

Cubra-se com essa verdade: por causa da morte e ressurreição de Jesus, você foi libertado.

O que isso significa? Você é completamente livre. Suas correntes foram removidas. A culpa ficou para trás. A vergonha não mais te pertence. Em vez disso, você é visto como um filho do Rei dos Reis. Já não é considerado pecador. Como esse conhecimento é renovador!

E se você escrevesse uma canção? E se cantasse as palavras de louvor do salmo 59:16: "força", "amor", "fortaleza", "refúgio"? Que suas palavras se tornem um coro para Deus, uma sinfonia, uma canção de louvor.

Salmos é um livro de cânticos, então considere a possibilidade de adaptar algumas das canções e torná-las suas. Por exemplo:

Salmos 21:13: Sê exaltado, Senhor, na tua força! Cantaremos e louvaremos o teu poder.

Salmos 143:8: Faze-me ouvir do teu amor leal pela manhã, pois em ti confio. Mostra-me o caminho que devo seguir, pois a ti elevo a minha alma.

Salmos 101:1: Cantarei a lealdade e a justiça. A ti, Senhor, cantarei louvores!

Salmos 5:3: De manhã ouves, Senhor, o meu clamor; de manhã te apresento a minha oração e aguardo com esperança.

Salmos 88:13: Mas eu, Senhor, a ti clamo por socorro; já de manhã a minha oração chega à tua presença.

Ou talvez você possa escutar um dos grandes hinos da nossa fé: *Maravilhosa Graça*, *Quão grande és tu*, *Santo, santo, santo* ou *Sou feliz com Jesus*, por exemplo. Ouça-os ao longo do dia ou antes de dormir.

Quando você está tenso, ansioso e exausto, palavras de louvor ao Senhor podem reanimar seu coração e desestressar seu corpo. Descanse agora em cânticos de alegria. Que o canto te dê paz profunda, descanso e conexão com Deus enquanto você medita e permanece em Cristo.

> *Querido Pai celestial, agradeço-te por me dares um desejo de meditar diante de ti, de orar, de estudar e seguir a tua Palavra. Ajuda-me a cantar como se ninguém além de ti estivesse ouvindo. Tu és o único que importa. Portanto, deixa-me cantar sobre teu amor, cantar sobre tua força, cantar sobre tua presença e proteção. Em nome de Jesus, teu Filho, nosso Senhor e Salvador, amém.*

Minha alma encontra descanso: salmo 62

Descanse somente em Deus, ó minha alma;
dele vem a minha esperança.
Somente ele é a rocha que me salva;
ele é a minha torre alta! Não serei abalado!

Salmos 62:5-6

Em geral, só consideramos o descanso físico, mas também há o relaxamento emocional e espiritual. Sua alma está descansada? Convido você a deixar as preocupações nas mãos de Deus e permitir que sua alma encontre um descanso perfeito na presença dele. Liberte-se de todos os seus esforços e da busca por ganho material. Só ele é a sua rocha, a sua salvação e a sua fortaleza.

Você está seguro com ele, está acolhido na presença dele. Em cada problema, ele está com você. Você alcançará a salvação, e ele construiu um muro de paz ao seu redor para protegê-lo e guardá-lo.

Muitas vezes, é possível pensar em castelos e fortalezas como uma proteção para o corpo. Na época dos reis feudais da Europa medieval, quando os ataques eram frequentes, as pessoas se reuniam no pátio do castelo da região para se protegerem dos inimigos.

Visualize Deus como essa fortaleza para sua alma. Será que você está sendo atacado por Satanás e pelas mentiras que ele conta? Ou talvez esteja lidando com sérios problemas de saúde, desemprego ou um filho rebelde — tantas coisas podem te atacar.

Em vez de entrar em pânico, corra para Deus, que é seu abrigo. Ele é impenetrável. Ele te dá a espada do Espírito, a Palavra de Deus. Ele prende o capacete da salvação na sua cabeça. Deus não pode ser movido, e assim você está seguro. Todos os fardos são retirados de seus ombros. Todas as preocupações estão nas mãos dele. O inimigo pode te atacar, mas você não será atingido porque descansa em Deus. Você *pode* descansar.

O que está cansando a sua alma? Sinta o abrigo da presença de Deus à sua volta, como uma grande fortaleza que não pode ser suplantada. Ele está contigo, te consolando. Ele está cuidando de você, e nele sua alma encontra descanso.

Sinta a presença tranquila do Espírito Santo. Lembre-se da sua doçura, da sua compaixão e da sua graça. Ele está protegendo você com uma fortaleza de segurança e proteção. Você pode contar com ele. Não precisa confiar nas suas próprias capacidades, porque Deus é capaz. Não precisa confiar nas suas riquezas, porque Deus é o seu tesouro. Ele é a sua confiança, e ele não te decepcionará.

Ouça apenas a voz silenciosa do amor de Deus enquanto ele te cerca. Espere em silêncio diante de Deus e deposite nele a sua esperança. A sua vida está nas mãos dele. A Palavra repousa no fundo da sua mente. Nele a sua alma encontra descanso.

> *Senhor, oro para que só em ti eu encontre esperança, descanso e paz. Ajuda-me a esperar por ti em silêncio, numa expectativa pacífica. Ajuda-me a entregar-te todas as preocupações e a encontrar o teu descanso perfeito. Ajuda-me a confiar na tua orientação, na tua santidade e na tua soberania. Peço segurança ao inspirar fundo a tua presença e a tua proteção. Obrigado por me protegeres na tua salvação e por construíres uma fortaleza de amor em minha volta, cercando-me com a tua paz. No santo nome de Jesus, eu oro. Amém.*

Jamais esquecido: salmo 105

Pois ele se lembrou da santa promessa
que fizera ao seu servo Abraão.
Fez sair cheio de júbilo o seu povo,
e os seus escolhidos, com cânticos alegres.

Salmos 105:42-43

Você já se sentiu esquecido? Quero te convidar a direcionar o coração nesta verdade: Deus sempre se lembra de você. Inspire fundo. À medida que você desacelera, peça aos seus pensamentos que te distraem para que voltem mais tarde e concentre-se: Deus sempre se lembra de você.

No salmo 105, o salmista enumerou muitas maneiras como Deus cuidou do seu povo escolhido. O salmista se lembra de que Deus fez uma promessa a Abraão e depois, gerações mais tarde, quando os descendentes de Abraão eram escravos no Egito, Deus se lembrou da promessa.

Quando se sente esquecido, talvez você se sinta invisível para as pessoas à sua volta, como se você não fosse importante. Mas o Senhor te convida a conhecer a verdade: você é valioso e amado — jamais é esquecido. Permita que essa verdade preencha seu corpo, trazendo alegria, eliminando a tensão e aliviando seu espírito.

Você pode se sentir esquecido, mas Deus não se esqueceu de você — e nunca esquecerá.

Que promessa gloriosa! Deus nunca te deixará nem abandonará. Deus nunca te esquecerá.

Deus se lembra de você. Que essa verdade preencha seu coração com alegria. Que a verdade dê leveza ao seu espírito.

Deus ama você, mas não quer que você fique na mesma. Deus pode te libertar dos pecados que te cercam com tanta facilidade. Por causa do grande amor do Senhor, não somos consumidos. Cada manhã traz uma nova misericórdia de Deus. Todo dia, ele se lembra de você com amor e misericórdia.

A razão pela qual Deus libertou seu povo da escravidão no Egito foi por causa da promessa a Abraão. Quando ele os libertou, os israelitas responderam com cânticos e clamores de alegria. Como você responde quando Deus te liberta?

Coloque-se na situação de uma criança nascida escravizada no Egito. Seu povo é oprimido, explorado e está subnutrido e exausto. E então o faraó declara que todos os recém-nascidos devem morrer.

Seus pais reúnem a família, e sua mãe sussurra histórias que lhe foram transmitidas: "Deus prometeu ao nosso antepassado Abraão que seríamos férteis e que um dia teríamos a nossa própria terra", diz ela.

Coisas estranhas começam a acontecer no Egito. Um homem chamado Moisés aparece e afirma falar em nome de Deus. Ele diz que te conduzirá à liberdade. Seria essa a forma de Deus cumprir sua promessa?

Ao sair do Egito, você confessa o quanto tinha duvidado. Não acreditava que, depois de todos esses anos, Deus ainda se lembrava da promessa. Você sente uma canção de alegria surgindo no seu interior. Deus nunca esquece as promessas.

O salmista lembrou o povo de Deus de todas as formas como o Senhor tinha sido fiel. Assim como ele tem sido fiel lembrando-se de você, seja fiel lembrando-se dele.

Pai celestial, obrigado por me escolher para ser seu filho e por me teres dado o Espírito Santo para estar comigo sempre. Eu sei que tu sempre cumpres as tuas promessas e que nunca me esquecerás. Às vezes, sinto-me perdido e esquecido; quando isso acontece, ajuda-me a agarrar-me a ti e à verdade sobre quem eu sou e como sou incluído na tua família. Obrigado por me amares. Amém.

Deus está por perto: salmo 68

*Bendito seja o Senhor, Deus, nosso Salvador,
que cada dia suporta as nossas cargas.*

Salmos 68:19

Alguma vez Deus lhe pareceu distante?
    Pare por um momento e deixe a mente vagar para algo distante, como, por exemplo, um item do outro lado do cômodo. Imagine algo do outro lado da casa. Uma longa viagem que já fez. A distância até a Lua. Um planeta. Uma estrela. A fronteira do universo conhecido. Somos lembrados com frequência de quão grande, poderoso e santo Deus é, e isso é uma verdade absoluta. Deus é pura santidade e vive fora do tempo. Ele criou as montanhas mais altas e esculpiu os oceanos mais profundos. As leis do Senhor são elevadas e santas.
    No entanto, por causa de Jesus Cristo, podemos nos aproximar de Deus, e ele se aproxima de nós. Jesus nos livrou do pecado para que possamos ter uma relação com Deus. Além disso, Deus também nos ama de um jeito íntimo, nos preenche com seu Espírito e nos cerca de amor. Nós somos dele e ele é nosso. O véu está rasgado para que agora possamos estar na presença de Deus, cheios de alegria e abundantes em

amor. Como um bom pai, ele está perto de nós. Ele nos ajuda, nos protege e, quando caímos e estamos feridos, nos carrega em seus braços, perto do coração.

O nosso Jesus é Salvador. Ele é Redentor. Ele é o rei do universo, agora e para sempre. E cuida de você. Se você estiver se sentindo sozinho ou distante de Deus, lembre-se de que ele te ama. Sempre ouve quando você fala com ele. Deus te segura quando você tropeça. Ele te sustenta todos os dias e está sempre ao seu lado. Deus nunca te abandonará.

Permita-se absorver essa verdade.

Ele te carrega nos braços; carrega seu fardo. Embora sejam um pouco diferentes, as imagens convergem para a mesma ideia: ele é um Deus que retira os fardos pesados dos nossos ombros. Quando lutamos para avançar na vida, ele não nos incentiva de longe, mas sim participa bem de perto e usa o seu poder para nos ajudar.

Deus nos ajuda. Ajudar não é um papel subserviente; um ajudante é uma viga de apoio, aquele que suporta o peso e o estresse para manter a estrutura de pé.

Pense no seu ponto fraco. Pense agora no poder e na força do Deus que construiu montanhas e pôs os planetas em órbita. Imagine essa força passando por seu ponto fraco como uma viga de apoio.

Sabe qual é a palavra que o salmista usa para descrever um Deus que ajuda? *Salvador*. Deus não se limita a nos entregar ferramentas e a nos orientar como usá-las em nosso próprio benefício. Não. Ele é *o* Salvador das nossas vidas, das nossas almas, da nossa eternidade. Ele nos salva e nos renova.

> *Ó Deus, que me ouve neste instante, eu sou teu e tu és meu! Obrigado por me amares com um amor eterno. Ajuda-me a louvar-te e a agradecer-te por seres o rei e governante, o salvador do pecado e da morte, e o Pai que me ama. Obrigado por tua Palavra nos dizer que tu és amor e que tu nos cercas com cânticos alegres. Quando tenho medo, me sinto só ou distante de ti, por favor, lembra-me da verdade da tua proximidade. Por favor, deixa-me sentir a tua presença. Lembra-me de que sou teu filho e que tu me ouves e me amas, mesmo quando não estou disposto. Obrigado por me tratares como um pastor e por me manteres perto do teu coração. Obrigado por me conheceres pelo meu nome. Obrigado por teres gravado o meu nome nas tuas mãos. Para ti, é impossível me esquecer! Eu te amo. Amém.*

Porto seguro: salmo 107

As ondas sossegaram, eles se alegraram,
e Deus os guiou ao porto almejado.

Salmos 107:30

Às vezes, a vida nos leva para águas revoltas. Nos segurando com todas as forças, nos vemos fora do rumo, necessitados de um porto seguro — um lugar em que possamos nos sentir confortáveis, em paz e ancorados na proteção de Deus. Talvez você esteja passando por essa situação e precise de descanso e de uma palavra do Senhor.

Se assim for, eu te convido a imaginar um porto movimentado. Ao olhar em volta, você percebe que as embarcações seguem direções diferentes. Algumas seguem para o mar aberto, enquanto outras se dirigem ao porto. Há ainda aquelas que parecem estar apenas à deriva, indo de uma direção a outra, alheias às mudanças ao redor.

Nuvens de tempestade começam a se amontoar no céu, bloqueando o brilho do sol. Em silêncio, elas pairam sobre a sua tripulação. Tenso, você atravessa o convés e vai até a posição que lhe foi atribuída.

As sombras se sobrepõem aos últimos raios de sol, e os trovões rasgam o ar. A chuva começa a cair furiosamente, afogando qualquer sensação de segurança. Ondas monstruosas de diferentes tonalidades batem contra seu barco.

As ondas quebram nos recifes, as cristas espumosas rodopiam de maneira caótica e te deixam assustado. O movimento da água ofusca seus pensamentos enquanto você invoca o Senhor.

Uma hora as coisas se acalmam e, felizmente, você consegue atravessar as águas agitadas. As ondas baixaram, mas o ar ainda está úmido e nublado. Através do nevoeiro, uma luz brilha vagamente. O feixe dourado gira devagar. É um farol, que indica o caminho que conduz os capitães e suas tripulações cansadas para um porto seguro. O farol de esperança se manteve forte e resistiu à tempestade.

Embora a carga do seu barco tenha se perdido e você esteja um pouco abalado, o pior da tempestade passou e você está ileso. Aos poucos, você conduz o barco para o porto, onde é possível enxergar melhor. Uma pequena enseada é um ancoradouro perfeito para seu descanso tão esperado.

Você sabe que se o barco não estiver ancorado, pode se afastar durante a noite se houver outra tempestade, por isso faz questão de que ele esteja bem amarrado. Uma vez que você e os seus companheiros de viagem estejam ancorados em segurança, você sente o balanço suave, de um lado para o outro, à medida que pequenas ondas batem de leve contra o barco. Sua alma encontra conforto. A mão de Deus te protege. Ele te protegeu durante a tempestade.

Deus é seu porto seguro de esperança e de amor infindável. Convide-o para as partes mais profundas do seu ser, e ele vai te ancorar num lugar em que todas as coisas são favoráveis para o bem daqueles que o amam.

Quando as tempestades avançarem e os ventos soprarem, quando as ondas estiverem altas, quando seu coração for abalado e a força e a coragem parecerem vacilar, lembre-se do único, daquele a quem o vento e as ondas obedecem, do Senhor Altíssimo que pode acalmar qualquer tempestade.

Ele diz: "Paz! Acalme-se!"

Pai, ajuda-me a continuar a minha viagem confiante, sabendo que nunca me abandonarás e que o teu propósito divino na minha vida não pode ser impedido pelo inimigo. Oro para que me dês um senso verdadeiro da tua presença em tudo o que está acontecendo na minha vida. Equipa meu corpo para os dias e semanas que se aproximam. Oro para que enchas as minhas velas com a tua paz e me abras os olhos para saber que estás comigo, apesar da tempestade que me cerca. Ajuda-me a olhar para ti e só para ti em busca de força e abrigo. Ajuda-me a saber que a minha esperança e o meu porto seguro se encontram em ti e na tua proteção. Obrigado por estares sempre presente comigo e por me amares de maneira incondicional e completa. Sabendo disso, posso descansar confiante em ti. Ó Senhor, ouve os gritos do meu coração. Oro tudo isso em nome de Jesus. Amém e amém.

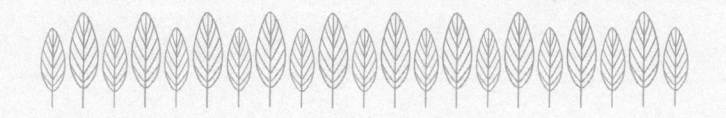

Sem medo de cair: salmo 94

*Quando eu disse: "Os meus pés escorregaram",
o teu amor leal, Senhor, me amparou!
Quando a ansiedade já me dominava no íntimo,
o teu consolo trouxe alívio à minha alma.*

Salmos 94:18-19

Há muitos anos, havia um comercial na TV estadunidense em que uma pobre mulher deitada no chão de um hospital gritava: "Caí e não consigo me levantar!" Podemos até rir do comercial, mas quantas vezes você já caiu, ou então foi derrubado, e não sabia como se levantar e seguir em frente?

Talvez você ainda esteja no chão, incapaz de se erguer por causa do medo, da depressão ou da vergonha. No entanto, saiba que o amor infalível de Deus está sempre te apoiando, mesmo quando você está no chão. Quando sua mente ficar repleta de dúvidas, o conforto de Deus renova sua esperança e sua alegria. Deixe que Deus leve paz ao seu coração.

Como uma criança que cai ao aprender a andar, podemos ter a certeza de que o nosso gracioso Pai celestial está aqui para nos pegar. Você não repreenderia seu filho por cair, e o Pai celestial não te condenará.

Muitas vezes, o peso dos fardos que carregamos no coração nos faz escorregar e cair. Nós nos desequilibramos. O que você carrega no coração que está te desequilibrando? Será os pensamentos ansiosos que se multiplicam e te fazem se sentir instável? Esses pensamentos fazem teus pés escorregarem? Agora, imagine que Deus está segurando você. Ele está te amparando. Que sensação forte e segura!

Pense na sua reação ao receber o amparo de Deus. Você se afastaria dele e voltaria a confiar apenas na própria força? Ou permaneceria nos braços ternos, amorosos e compassivos nos quais sempre esteve destinado a estar? Pense nisso. Imagine a sua reação. O seu Pai celestial é amor. Ele te segura com firmeza. Ele te consola. Você está seguro no amor constante e reconfortante do Senhor.

Depois de receber o apoio de Deus para se levantar, resista ao desejo de tirar a poeira da roupa e dar uma olhadinha ao redor para ver se alguém reparou. Em vez disso, imagine que você está diante do Senhor. Jogue-se nos braços ternos, amorosos e compassivos de Cristo do jeito que você estiver.

Você não precisa ter medo de cair. O medo pode te impedir de abraçar a sua fé. Mas se lembre de que, quando cair, Deus estará lá para ajudá-lo.

Amado Deus das promessas e da proteção, lembra-me da tua compaixão e bondade. Lembra-me de que tu me ampararás. Mesmo quando os meus pensamentos ansiosos se multiplicarem dentro de mim, lembra-me de que o teu conforto me aliviará. Tu vês as quedas antes de mim. Pensas mais depressa que eu. Tu ages mais rápido que eu. Tu és mais forte que eu. Abraça-me, querido Pai. Abraça-me quando eu cair. Em nome de Jesus, ofereço e reconheço isso em oração. Amém.

Descanso sagrado: salmo 138

Eu te louvarei, Senhor, de todo o coração;
diante dos deuses cantarei louvores a ti.
Voltado para o teu santo templo
eu me prostrarei e renderei graças ao teu nome,
por causa do teu amor e da tua fidelidade;
pois exaltaste acima de todas as coisas
o teu nome e a tua palavra.
Quando clamei, tu me respondeste;
deste-me força e coragem.

Salmos 138:1-3

No salmo 138, o salmista expressa o amor pelo Senhor porque Deus ouve e responde aos filhos quando eles o chamam. Ao longo dos salmos, ele lembra os muitos problemas e tristezas que já enfrentou e como Deus foi gracioso e misericordioso com ele — o Senhor ouviu seu grito de socorro e o salvou. Ele percebeu que sua alma foi fortalecida pelas palavras e promessas do Senhor.

Ele encontrou o descanso sagrado.

Imagine que você está ao ar livre, no fim de um dia quente e agradável. Perto de você, há um lago calmo, estável e cristalino. Quando a noite se aproxima, o céu noturno se transforma numa tenda para seu descanso sagrado. Os grilos começam a cantar, te alertando que já é hora de dormir.

Você anda por um caminho que te leva a um lugar perfeito, um lugar onde você pode se sentar debaixo de uma árvore alta. Uma sensação de conforto e descanso te domina.

Você sabe que outras pessoas já estiveram aqui antes, pois há um círculo de fogo perto de onde está sentado. As pedras lisas parecem sentinelas ao redor das cinzas de antigas fogueiras. Há pilhas de madeira e lenha nas proximidades. Você faz uma pequena fogueira. Em poucos minutos, os gravetos secos estão em chamas, queimando as peças maiores de lenha.

A árvore alta e o cheiro de pinheiro criam o local perfeito para encontrar o descanso sagrado.

As tensões começam a se dissipar, junto com a correria da vida urbana. Você ouve diferentes sons à sua volta: sapos, pássaros noturnos, o crepitar da fogueira agitada por uma brisa suave e refrescante.

Uma hora ou outra, entre os cantos das aves, é possível ouvir uma voz reconfortante que canta uma música encantadora. Parece estar vindo das árvores. Você permanece em silêncio enquanto ouve as palavras flutuarem sobre a brisa.

"Eu amei você com amor eterno", canta a voz. "Com amor leal o atraí" (Jeremias 31:3).

Seu coração canta com a doce voz enquanto ela continua a cantarolar: "O Senhor é bom para todos; a sua compaixão alcança todas as suas criaturas" (Salmos 145:9).

Quando você procura o dono da voz, vislumbra uma figura vestida de branco emergindo do bosque. Você não sente medo, porque as palavras da canção encheram seu coração de alegria e paz.

À medida que a figura caminha em sua direção, o cântico continua: "Pois o Senhor é bom e o seu amor leal é eterno; a sua fidelidade permanece por todas as gerações" (Salmos 100:5).

Por fim, ele está tão próximo que você o reconhece. É Jesus! Ele se aproxima, ainda cantando o amor dele por você, e então se senta ao seu lado, diante da fogueira. Seu coração explode de alegria. O Salvador e Senhor está ao seu lado.

Você responde, cantando: "Ó Soberano Senhor, tu és Deus! Tuas palavras são verdadeiras, e tu fizeste essa boa promessa a teu servo" (2 Samuel 7:28).

A doce troca continua com as palavras dele e a sua resposta. Vocês dois ficam sentados lado a lado em perfeita paz. Ele diz: "Provem, e vejam como o Senhor é bom. Como é feliz o homem que nele se refugia!" (Salmos 34:8).

Você responde: "O Senhor é bom, um refúgio em tempos de angústia. Ele protege os que nele confiam" (Naum 1:7).

Jesus sorri para você. Seu amado irmão. Seu Salvador. Seu amigo. Seu coração exulta em Deus, o Salvador.

Que paz abençoada Deus provém com a presença dele em sua vida. Você pode falar com ele todos os dias, e ele trará descanso para a sua alma.

> *Obrigado, Pai, pelas inúmeras formas como demonstras o teu amor, proteção e provisão. Obrigado pelo teu amor, compaixão e graça. Louvo-te porque estás no controle de todas as coisas. Dá-me mais fé para me submeter a tua vontade em todas as áreas da minha vida. Dá-me paz em tempos de tempestades e descanso quando estou cansado. Usa-me para ajudar os outros enquanto procuram viver para ti. Ajuda-me a libertar-me dos meus desejos para que a tua vontade possa ser a minha. Eu te agradeço e te louvo em nome de Jesus. Amém.*

O Deus eterno: salmo 90

Senhor, tu és o nosso refúgio,
sempre, de geração em geração.
Antes de nascerem os montes
e de criares a terra e o mundo,
de eternidade a eternidade tu és Deus.

Salmos 90:1-2

Imagine-se vivendo durante o tempo de Moisés, muito antes do nascimento de Cristo.

Você e os israelitas estão acampados à direita do rio Jordão. Tiveram um longo dia de trabalho. Seus músculos estão cansados e seus ossos estão moídos. Você precisa descansar, por isso se senta na grama e sente a brisa do rio, que refresca a sua pele. Inala e sente os diferentes cheiros — a umidade do ar, o perfume das flores silvestres e a fragrância das árvores que estão brotando.

De repente, seus ouvidos captam uma conversa entre Moisés e algumas crianças. Uma delas faz uma pergunta que chama sua atenção: "Quem fez Deus?"

"Ninguém", responde Moisés. "Deus sempre existiu. Durante todas as gerações, Deus tem sido o nosso lar. Antes do nascimento das montanhas, ele deu à luz a terra e o mundo. Desde o princípio até o fim, ele é Deus. Nós somos apenas pó. Somos mortais. Mas Deus é espírito. Ele sempre foi. Ele é o Deus eterno. Para ele, mil anos são iguais a um dia."

Quando Moisés acaba de falar com as crianças, você olha para cima. O céu agora ganhou uma coloração mais escura, e está repleto de estrelas. Há estrelas demais para contar. Você olha para a Ursa Maior. Identifica a constelação de Orion. Encontra as Plêiades. De repente, um meteoro — uma estrela cadente — atravessa o céu. Você se sente chamado para orar e adorar.

Reflita por alguns momentos sobre o que significa "Deus é eterno". Antes do nascimento das montanhas, Deus estava lá. Antes de a terra e o mundo terem sido criados, ele amava você. Desde o princípio até o fim, ele é Deus. Para ele, mil anos são iguais a um dia.

Deus sempre existiu. Todas as coisas tiveram um começo, mas Deus não. Ele não teve um começo.

Deus não se limita ao tempo. Ele não se limita ao espaço. Deus é o Alfa e o Ômega. Ele é o Deus eterno.

Antes de o universo ter sido criado, Deus tinha um plano para você. Ele não inventa e improvisa à medida que você vai avançando na vida. Ele sempre esteve aqui por você. Ele é o seu lar. Ele nunca te abandonará. Você viverá com ele para sempre.

Pai amado, tu és o Deus infinito, o Deus que nunca dorme. Tu és o Deus eterno. Estou maravilhado diante de ti. Antes de o tempo começar, tu tinhas um plano para a minha vida. Tu sempre me vigias e proteges. Tu és o Alfa e o Ômega, o Princípio e o Fim. Tu entendes a minha vida melhor do que eu. Que eu encontre conforto nessa verdade. Concede-me paciência, paz e renovação para que eu possa servir a ti e aos outros. Em nome de Cristo, eu oro. Amém.

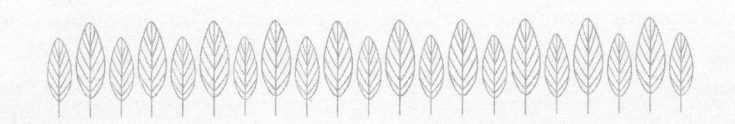

Descansando em braços fortes: salmo 91

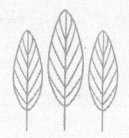

*Aquele que habita no abrigo do Altíssimo
e descansa à sombra do Todo-poderoso
pode dizer ao Senhor:
Tu és o meu refúgio e a minha fortaleza,
o meu Deus, em quem confio.*

Salmos 91:1-2

Moisés tinha acabado de terminar a construção do tabernáculo no deserto. Como a experiência com seu Deus havia sido gloriosa! Como a presença e a proteção de Deus lhe pareceram palpáveis. O povo de Deus não tinha perecido em sua caminhada, nem fora vencido pelos inimigos. Eles foram guiados pela coluna de fogo à noite e pela coluna de nuvem de dia. Ficaram a salvo por Deus, e Moisés se regozijou. Ele sabia de onde tinha vindo a ajuda. Tinha vindo do Senhor, do criador do céu e da terra.

O salmo 91 fala de permanecer em Deus, de se abrigar na presença dele. Imagine que você está num castelo alto e forte, construído sobre uma colina. Nenhum inimigo pode te alcançar. Nenhum mal pode chegar até você. As flechas voam em sua direção, mas as muralhas te protegem.

Aquele que habita no abrigo do Altíssimo
e descansa à sombra do Todo-poderoso
pode dizer ao Senhor:
Tu és o meu refúgio e a minha fortaleza,
o meu Deus, em quem confio.

Deus é a nossa fortaleza. Nele permanecemos. Levantamos o escudo da fé no nosso Deus, em quem confiamos. Nenhuma flecha nos acertará. Estamos a salvo. Estamos nos braços fortes do Senhor.

Ao trilhar o caminho da vida, às vezes, a estrada é escura. Os caçadores te perseguem; armadilhas te cercam. Mas Deus prometeu que você não será capturado. Nada pode te arrancar das mãos dele. Embora o mal te cerque, você não será uma presa. Deus é o seu libertador.

Dia e noite, permaneça na presença de Deus. Ele provê e protege. Esteja em plena paz, pois estas são as promessas de Deus para você. O terror da noite não deve ser temido. As flechas do dia não vão te tocar. Todo o mal que procura devorá-lo será afastado. Você não será destruído. Deus está sempre ao seu lado.

Você pertence ao Senhor Jesus. Você foi selado pelo Espírito Santo de Deus. Como ramo na videira, você permanece em Jesus, e ele em você (João 15:5). Todas as suas ações são designadas e protegidas por ele. Você escolheu viver na presença dele, para habitar não só *com* ele, mas também *nele*.

Pare por um momento e imagine que você está cercado de anjos brilhantes, que estão aqui para te proteger. Para estar ao seu lado. Para impedir que você seja prejudicado. Porque você é o filho precioso de Deus. O maligno sabe disso. Ele usou estas palavras de Salmos 91:11-12 para tentar Jesus no deserto:

Porque a seus anjos ele dará ordens a seu respeito,
para que o protejam em todos os seus caminhos;
com as mãos eles o segurarão,
para que você não tropece em alguma pedra.

Você tem autoridade, em nome de Jesus, para combater ataques do inimigo e colocar cada pensamento em cativeiro. Permita que a paz de Cristo te preencha enquanto descansa na certeza de que Deus vela por você. Ele te protege porque te ama e porque você é o filho amado.

> *Deus Pai, como prometeste fazer, tu velas por mim ao longo do meu dia e ao longo do meu sono nesta noite. Retira todo o meu medo na fonte da tua paz. Lembra-te das tuas promessas, ó Senhor, de que me abençoarás e me guardarás; que farás brilhar o teu rosto sobre mim e terás misericórdia de mim; que levantarás o teu semblante sobre mim e me darás paz. Eu te amo, Senhor. Eu permaneço na tua sombra. Encontro descanso sob as tuas asas. Encontro glória na tua presença. Em nome de Jesus, amém.*

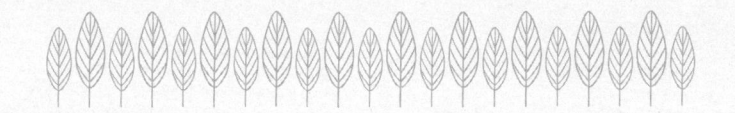

Visto por Deus: salmo 11

O Senhor está no seu santo templo;
o Senhor tem o seu trono nos céus.
Seus olhos observam;
seus olhos examinam os filhos dos homens.

Salmos 11:4

Quando Deus olha para a terra, sabemos que nada escapa de seu olhar amoroso. Ele vê tudo. Conhece nossos pensamentos, nossos hábitos e nossas maneiras de fazer as coisas. É fiel e justo ao nos perdoar quando lhe confessamos nossos pecados e fracassos. Sobretudo, ele nos ama em meio a tudo isso. Podemos confiar a ele toda a nossa vida. Deus consegue lidar com isso. Só precisamos entregar a ele todos os nossos caminhos. Ele dá conta. Ele te enxerga como você é.

Nada é melhor do que um lugar seguro para descansar no conforto do seu Criador. Acredite que Deus nunca desvia os olhos de você. Imagine o Senhor no santo templo. Veja-o sentado no trono, grande e elevado. Sinta-se confortado pelo fato de ele saber tudo, ver tudo e poder tudo. Ele observa sua vida através da lente de Jesus — a lente do amor e da misericórdia. E, embora ele se sente no trono como Senhor soberano, o Espírito está sempre residindo em você e te cercando. Você nunca está fora do alcance ou dos olhos de Deus. Descanse no amor e na misericórdia dele.

Provérbios 15:3 diz: "Os olhos do Senhor estão em toda parte, observando atentamente os maus e os bons."

Eis o Senhor
Fiel e verdadeiro.
Eis o seu Rei
Que opera justiça em você.

Eis os seus olhos
Que observam com amor.
Através da lente da graça.
E de seu Filho.

Deus olha para dentro e para fora, para toda a terra. Seu olhar incansável procura bondade entre seus filhos. Ele faz isso para que possa te fortalecer. Sabemos que isso é verdade porque 2 Crônicas 16:9 diz: "Pois os olhos do Senhor estão atentos sobre toda a terra para fortalecer aqueles que lhe dedicam totalmente o coração." Às vezes, você pode se sentir invisível. Talvez você se lamente: "Deus, tu consegues me ver?" A resposta retumbante a essa pergunta é: "Sim!" Ele vê você. Ele é El Roi, ou "o Deus que me vê", como Hagar o chamou no deserto (Gênesis 16:13-14).

Da mesma maneira que ele te vê, Deus quer ser visto por você. Oswald Chambers escreveu: "Nós veremos Deus nos oferecendo sua mão em cada vento que sopra, em cada nascer e pôr do sol, em cada nuvem no céu, em cada flor que floresce e cada em folha que brota se começarmos a usar nosso pensamento cego para visualizarmos dessa maneira."[9]

Visualize a mão de Deus se estendendo através dos céus, rompendo o ruído para te oferecer conforto. Ouça a tranquilidade na voz dele, que pronuncia palavras de

---

[9] Oswald Chambers, "Is Your Ability to See God Blinded?" *My Utmost for His Highest*. https://utmost.org/is-your-ability-to-see-god-blinded/. Acesso em 18 de fevereiro de 2021.

vida. Imagine um pôr do sol sobre colinas de glória, repletas de flores que preenchem a paisagem. Observe as nuvens se afastando à medida que a presença santa de Deus surge. Os olhos de Deus estão por toda a parte, nos velando. Ele é forte em nome daqueles cujos corações são leais.

> *Pai celestial, cobre-me com o semblante do teu amor. Envolve-me nos teus braços de segurança e fica sempre comigo. A cada respiração minha, enche-me com a plenitude da tua paz. E que cada suspiro meu seja como uma doce entrega a ti. Pois tu estás comigo. A tua santidade me cerca. Os teus olhos me contemplam. Obrigado, amável e amoroso Pai, pelas tuas preciosas promessas. Obrigado pelo teu olhar vigilante de serenidade e paz. No santo nome de Jesus, oro essas coisas. Amém.*

Os portões do Senhor: salmo 100

Entrem por suas portas com ações de graças,
e em seus átrios, com louvor;
deem-lhe graças e bendigam o seu nome.

Salmos 100:4

Imagine que você está adorando com o povo de Deus em Jerusalém, no Israel antigo. A caminhada até o templo demora cerca de dez minutos, mas hoje você está sem pressa, desfrutando a criação cênica de Deus.

No alto, uma pequena nuvem flutua suavemente no límpido céu azul, como um pequeno veleiro que atravessa o mar Mediterrâneo. Abaixo da nuvem, uma águia com asas enormes e cauda branca como a neve está apreciando o dia, levada pela brisa, caçando a próxima refeição. Ela domina o céu, e nenhuma outra ave se atreve a invadir o seu território.

Ao observar a água, você se lembra de uma história no Pentateuco em que Deus resgatou seu povo dos egípcios, carregando-o de maneira simbólica sobre asas de águia e te levando até ele.

Já quase no fim da caminhada, você passa por uma oliveira e admira a vista e o som de um pintarroxo, um passarinho tão colorido quanto seu nome. A cabeça e o peito da pequena ave ostentam múltiplos tons de vermelho, como se Deus o tivesse pintado com mil rosas do jardim do Éden antes de lhe ensinar a voar. Enquanto você passa devagar pelo pintarroxo, ele canta alegre. Você torce para que ele não saia voando. Por sorte, ele nem nota sua presença e permanece empoleirado num pequeno ramo, entoando um belo canto, como se soubesse que está na hora de adorar.

Alguns minutos depois, você vê o lado de fora do templo construído por Salomão. É a casa da arca da aliança e dos Dez Mandamentos dados por Deus a Moisés no Monte Sinai. Só de pensar nisso, você se arrepia todo em antecipação pela presença de Deus.

O templo em si é magnífico. Feito de cedro e pedra, ele é a maior construção na região, uma estrutura gloriosa para um Deus digno.

Por fim, você atravessa os portões do templo. Várias centenas de pessoas já estão reunidas ali para adorar no pátio. Estão todas sorrindo.

De repente, o som das trombetas ressoa, seguido de tambores e címbalos. Você já ouviu a melodia e o ritmo antes, mas sempre se emociona, até chora de alegria. É o som do povo de Deus em adoração.

No templo, você sente a presença de Deus. Ele abençoou seu povo e te abençoou também — com comida, amigos e família, paz e segurança. Ele se revelou com sinais e maravilhas, resgatou seu povo do Egito e prometeu cuidar de você para sempre.

Acima de tudo, ele te abençoou e te deu esperança para a eternidade.

Você já quis ser tão abençoado como o povo de Israel? Sabia que você é tão abençoado quanto eles foram? O povo de Israel aguardava a vinda do Messias. Mas você conhece Cristo. Você vive nos dias em que eles ansiavam viver! Abençoado seja o nome do Senhor.

Deus santo e amado, anseio por estar na tua presença. Ajuda-me a saber que posso adorar-te em espírito e em verdade, porque tu és Espírito e és verdade. Tu és digno de todo o meu louvor. Na tua presença está a plenitude da alegria. Meu corpo é agora o teu templo. Esta é uma verdade maravilhosa. Obrigado por viveres em mim. Em nome de Jesus, eu oro. Amém.

Quebrantado e lindo: salmo 103

Pois como os céus se elevam acima da terra,
assim é grande o seu amor para com os que o temem;
e como o Oriente está longe do Ocidente,
assim ele afasta para longe de nós as nossas transgressões.

Salmos 103:11-12

Talvez você sinta que algo em seu interior está quebrado devido ao pecado e que Deus não pode olhar para você por causa disso. Mas Deus te vê de uma maneira linda, porque Jesus te purificou do seu pecado.

"Como os céus se elevam acima da terra." O amor de Deus por nós é tão profundo assim. "Como o Oriente está longe do Ocidente." Saber que seu pecado nunca mais será trazido à tona pelo Pai celestial deve deixar seu coração aliviado.

Pense nessas palavras do salmo 103. A distância entre os céus e a terra e a distância entre o Oriente e o Ocidente é vasta. No Israel antigo, as distâncias eram ainda mais incomensuráveis. Essas imagens nos dão apenas uma ideia vaga de como nossos pecados foram removidos por completo pelo sangue de Jesus. Que sua alma absorva hoje essa verdade.

Depois, concentre-se em outro pensamento: sua beleza é construída a partir do seu quebrantamento.

Às vezes, mesmo conhecendo essa verdade, você talvez se pergunte: *será que algo que está quebrado pode voltar a ser belo?* Pode parecer impossível, mas nas mãos do Oleiro Mestre, cacos de barro podem se tornar um belo recipiente útil para a obra de Deus.

A transformação de quebrado em belo acontece não por causa do nosso esforço, mas por causa da redenção de Cristo na cruz. Deus entende o que significa ser humano porque ele se tornou humano para o nosso bem.

Imagine que você está segurando um vaso precioso. Você está usando o objeto como se fosse um martelo. Essa não é a função do vaso, e a ação destruirá essa bela criação. Às vezes, apesar de você se esforçar para proteger o vaso, ele pode ser destruído pelas ações egoístas de outra pessoa. Agora imagine Deus, criador do vaso, catando cada caco com gentileza. Não há nenhuma condenação em seus olhos, apenas tristeza pela destruição. Você pode pensar que ele vai jogar esses fragmentos fora, porque já não lhe são úteis.

Porém, para sua surpresa, ele encara cada pedaço partido com muito amor, limpando e repondo cada caco. É possível observar lágrimas nos olhos dele por causa dos danos, mas há tanto amor envolvido que seu coração se comove e você chora. Ao tocar em cada peça, ele a transforma em algo surpreendentemente lindo.

Mesmo que não seja possível vislumbrar o resultado final, saiba que Deus pegou cada caco de sua história, seu vaso inestimável, e está criando algo ainda mais valioso porque foi restaurado pelas mãos do Senhor.

> *Deus Pai, o rei Davi escreveu as palavras do salmo 103 através do poder do teu Espírito Santo. Ele sabia do perdão de Deus. Ele tinha pecado, mas fora chamado um homem segundo o coração de Deus. Eu quero ser uma pessoa segundo o teu coração. Ajuda-me a me ver como tu me vês — puro, santo e belo. Sei que tu transformas cinzas em beleza. Como a fênix, quero ser trazido de volta à vida pelo teu amor, ressuscitado da minha antiga vida. Ajuda-me a morrer para mim mesmo e para os pecados do meu passado que me prendem. Liberta-me do meu pecado pelo poder do sangue de Jesus. Lava-me, e eu serei cristalino. Amém e amém.*

A sua glória, o nosso bem: Salmo 8

*Senhor, Senhor nosso,
como é majestoso o teu nome em toda a terra!*

*Tu, cuja glória é cantada nos céus.
Dos lábios das crianças e dos recém-nascidos
firmaste o teu nome como fortaleza,
por causa dos teus adversários,
para silenciar o inimigo que busca vingança.*

Salmos 8:1-2

Se alguma coisa, seja o que for, estiver tirando a sua paz, eu o encorajo a entregá-la para Deus. Caro amigo, entregue ao Senhor suas preocupações com mãos abertas. Ele consegue lidar com elas. Vá em frente. Entregue todas as suas preocupações para o Senhor que te ama.

Hoje, nossa Escritura são as gloriosas palavras de louvor do salmo 8. Esse salmo de Davi pode ser descrito como uma canção sobre a majestosa glória de Deus, que se manifesta em todo o céu.

Senhor, Senhor nosso,
como é majestoso o teu nome em toda a terra!

Tu, cuja glória é cantada nos céus.
Dos lábios das crianças e dos recém-nascidos
firmaste o teu nome como fortaleza,
por causa dos teus adversários,
para silenciar o inimigo que busca vingança.
Quando contemplo os teus céus,
obra dos teus dedos,
a lua e as estrelas que ali firmaste,
pergunto: Que é o homem, para que com ele te importes?
E o filho do homem, para que com ele te preocupes?

"Que é o homem, para que com ele te importes?"

Como é possível que o criador do universo tenha tempo para se importar conosco? Certamente ele tem mais o que fazer. No entanto, os pensamentos de Deus são de amor e aceitação. Afinal, as mãos dele não só colocaram a lua e as estrelas no lugar, mas também moldaram cada um de nós à sua semelhança.

Caro amigo, o Senhor se importa com você. Ele conhece você. Ele pensa em você. Ele ama você. Permita que esses pensamentos te tragam conforto e paz.

"O que é o filho do homem, para que com ele te preocupes?"

Ah, como Deus se importa com você! Ele se preocupa com os pormenores de sua vida. Sinta a presença dele cuidando de você. Você é o filho amado, e ele te segura com as mãos amorosas. Não há dúvida de que Deus está com você. Pois as Escrituras declaram que ele é "Emanuel", que significa, "Deus conosco".

Sinta a presença de Deus Emanuel com você neste exato momento.

O Senhor lançou a glória acima dos céus. Ele colocou a lua e as estrelas em seus devidos lugares.

Um astrônomo do século XIX escreveu: "O que temos a dizer sobre todas as estrelas? O que dizer dos objetos mais gloriosos? Que dizer da Via Láctea? Essas são algumas das perguntas que surgem quando ponderamos os mistérios dos céus."[10]

Os mistérios dos céus não são mistério para o Criador, pois ele colocou a sua glória *acima* dos céus. Descanse sob os céus que Deus criou como uma grande tenda estrelada de maravilha e glória.

Em cada um dos voos históricos da nave espacial Discovery, a tripulação era despertada por uma canção todas as manhãs. O toque de despertar era uma tradição do programa da Nasa, e as canções eram selecionadas pelo centro de controle da missão.

Numa manhã de domingo durante a órbita, John Glenn e o restante da tripulação acordaram com uma canção escrita por Chris Rice, chamada "Hallelujahs", uma canção que fala da "lua com suas crateras e das asas do pardal, do estrondo do trovão e dos anéis de Saturno".[11] Ao flutuarem sobre a terra com uma visão milagrosa da criação de Deus, os ouvidos dos astronautas se encheram com uma música de adoração ao criador do universo.

Que a sua alma ressoe com aleluias ao criador de todas as coisas.

> *Pai celestial, eu te louvo por teres colocado tudo em seu lugar perfeito. Debaixo do manto dos céus estrelados, atribuíste-nos nosso lugar. Oro pelo descanso e pela paz na tua presença. Peço que a tua glória continue a brilhar na minha vida para o meu bem supremo. Enquanto a terra continua a girar em torno do seu eixo e a percorrer a sua órbita em torno do sol, oro para que a minha vida continue a fluir sob a poderosa direção da tua mão. Obrigado por estares atento a nós, por te preocupares conosco e por nos amares. No santo nome de Jesus, amém.*

---

[10] Robert Stawell Ball, *The Story of the Heavens* (Londres: Cassell, 1890), p. 2.
[11] Chris Rice, "Hallelujahs", Warner Chappell Music, 1997.

Uma prática para cada dia: salmo 96

*Majestade e esplendor estão diante dele,
poder e dignidade, no seu santuário.*

Salmos 96:9

Você foi criado para adorar a Deus. Sabia disso? Vivemos para louvar aquele que é digno de todo louvor.

Deus é grande e muito digno de louvor. Com cada respiração, louve o Senhor! Deus te chama para adorá-lo porque é apenas ao louvá-lo que você entende quem realmente é e para que fora criado.

Qual é a sensação de louvar a Deus no seu corpo? Pense em como seu corpo responde quando você pronuncia palavras de gratidão ou adoração. Talvez você abra um sorriso. Talvez se incline um pouco para a frente. Talvez levante as mãos.

Em Salmos 96:9, o salmista diz que devemos tremer diante de Deus. Pense em tudo que te faz tremer. Medo, ansiedade, animação... Tudo isso pode fazer nosso corpo reagir com um estremecimento. Em que, então, tremer diante de Deus é diferente? Deus é imenso e poderoso, mas não quer que tenhamos medo. Podemos tremer de fascínio. Pare um momento para pensar nisso.

O salmo 96 contém repetidas ordens para adorar e louvar o Senhor. Não é opcional. Não é algo que devemos fazer apenas quando tivermos vontade. É uma prática que deve fazer parte do seu dia a dia. Para louvar a Deus, é preciso conhecê-lo. O que você sabe sobre Deus que faz seu coração querer cantar em louvor a ele?

Leia agora o todo o salmo 96.

Cantem ao Senhor um novo cântico;
cantem ao Senhor, todos os habitantes da terra!
Cantem ao Senhor, bendigam o seu nome;
cada dia proclamem a sua salvação!
Anunciem a sua glória entre as nações,
seus feitos maravilhosos entre todos os povos!

Porque o Senhor é grande e digno de todo louvor,
mais temível do que todos os deuses!
Todos os deuses das nações não passam de ídolos,
mas o Senhor fez os céus.
Majestade e esplendor estão diante dele,
poder e dignidade, no seu santuário.

Deem ao Senhor, ó famílias das nações,
deem ao Senhor glória e força.
Deem ao Senhor a glória devida ao seu nome,
e entrem nos seus átrios trazendo ofertas.
Adorem ao Senhor no esplendor da sua santidade;
tremam diante dele todos os habitantes da terra.
Digam entre as nações: "O Senhor reina!"
Por isso firme está o mundo, e não se abalará,
e ele julgará os povos com justiça.

Regozijem-se os céus e exulte a terra!
Ressoe o mar e tudo o que nele existe!
Regozijem-se os campos e tudo o que neles há!
Cantem de alegria todas as árvores da floresta,
cantem diante do Senhor, porque ele vem, vem julgar a terra;
julgará o mundo com justiça e os povos, com a sua fidelidade!

Não é bom refletir sobre as formas como o amor de Deus mudou a sua vida? Que o louvor seja uma prática da sua rotina, não importa o que enfrente.

> *Deus glorioso, a tua grandeza está fora do alcance da minha imaginação. Eu te louvo pela tua sabedoria, pelo teu poder e pelo teu amor. Obrigado por me trazeres ao teu reino através do teu Filho, Jesus, e por enviares o teu Espírito para estar comigo para sempre. Ajuda-me a viver uma vida cheia de louvor e gratidão, mesmo quando as coisas estão difíceis. Eu te amo, Senhor de toda a criação. Eu te louvo pelas tuas obras poderosas. Toda a terra se curva diante de ti. Só tu és digno do nosso culto. Obrigado por tudo o que fizeste por mim em Cristo. Faz da minha vida um sacrifício vivo de louvor a ti. Em nome de Jesus, eu oro. Amém.*

Nada é desconhecido para Deus: salmo 139

Senhor, tu me sondas e me conheces.
Sabes quando me sento e quando me levanto;
de longe percebes os meus pensamentos.
Sabes muito bem quando trabalho e quando descanso;
todos os meus caminhos te são bem conhecidos.

Salmos 139:1-3

Você já passou por uma fase na vida em que não reconheceu a si mesmo e se sentiu fora de controle? A verdade é que nunca sabemos o que o futuro nos reserva, mas servimos a um Deus que é soberano: ele é onisciente e está no controle. O salmo 139 nos lembra de que nada é desconhecido para Deus.

A realidade é que o controle é uma ilusão. Muitas vezes, podemos achar que temos poder sobre a vida, mas, na realidade, estamos nas mãos de Deus. Felizmente, ele é um Deus em quem podemos confiar.

Você já reparou com que frequência o salmista usa a palavra "saber" em Salmos 139:1-3? Deus sabe quando nos sentamos e nos levantamos; ele conhece nossos pensamentos e nossas palavras antes de abrirmos a boca. O salmista diz até: "todos os meus caminhos te são bem conhecidos".

Pense nas formas em que Deus te conhece. Quais sentimentos isso desperta em seu coração? Ao pensar nas incógnitas da sua vida, você encontra conforto na soberania de Deus?

Às vezes as perguntas sem resposta se acumulam. E se você encarasse esses momentos como uma oportunidade de conhecer mais a Deus? Embora haja tanta coisa fora do seu conhecimento, o Deus do universo se revela a você através da sua Palavra e do seu Espírito.

Quando você pensa no seu ritmo de vida atual, qual é o papel do conhecimento de Deus? O Senhor nos conhece plenamente e nos convida a conhecê-lo também. Na verdade, a alegria da vida eterna é conhecê-lo.

Os versículos finais do salmo 139 dizem: "Sonda-me, ó Deus, e conhece o meu coração; prova-me, e conhece as minhas inquietações. Vê se em minha conduta algo que te ofende, e dirige-me pelo caminho eterno."

Vamos analisar cada frase.

"Sonda-me, ó Deus, e conhece o meu coração." A soberania de Deus significa que ele é onisciente, mesmo assim o salmista implora a Deus pedindo que o Senhor conheça seu coração. Imagine que você é o salmista — embora Deus já o conheça, faça-o feliz ao convidá-lo a te conhecer.

"Prova-me, e conhece as minhas inquietações." É fácil ficar ansioso ao se sentir fora de controle. O que aconteceria se você trocasse os pensamentos ansiosos por pensamentos sobre a proximidade de Deus?

"Vê em minha conduta algo que te ofende." A *New Living Translation*, uma tradução da Bíblia para o inglês, traduz o último versículo desta forma: "Aponta qualquer coisa em mim que te ofenda." Para acrescentar mais profundidade, a palavra hebraica usada neste texto projeta a imagem de um ídolo: "Aponte qualquer ídolo na minha vida." Será que a falta de controle revelou algum ídolo na sua vida?

"Dirige-me pelo caminho eterno." Em João 17:3, Jesus disse que a vida eterna não é apenas o que encontramos após a morte. Em vez disso, é conhecer Deus em vida. Trilhar o caminho da vida eterna significa buscar conhecê-lo por vontade própria.

Procure em seu coração as coisas que você é tentado a controlar, as quais podem atrapalhar sua comunicação com Deus. Confesse a ele e aceite o completo perdão do Senhor.

Reconheça a proximidade de Deus, mesmo no meio do desconhecido. Respire fundo e peça a ele que te lembre de sua soberania, onde quer que você esteja.

Ah, grande Deus, eu poderia fazer uma longa lista de tudo o que não sei sobre o que os próximos dias reservam para mim. Ainda mais longa seria, porém, uma lista do teu infinito amor, graça e cuidado com a minha alma. Não gosto de me sentir fora de controle, e o sentimento me fez perceber que talvez eu não tenha tanto controle quanto imaginava. Encontro esperança na promessa de que não perdeste o controle. Ajuda-me a confiar na tua soberania enquanto espero que o futuro se desenrole. Enquanto luto contra os pensamentos ansiosos dos dias que estão por vir, poderias me ajudar a encontrar descanso na tua soberania? Sabes o que está para vir, e isso é suficiente para mim. Amém.

Seu amor dura para sempre: salmo 136

Deem graças ao Senhor, porque ele é bom
O seu amor dura para sempre.

Salmos 136:1

O amor de Deus dura para sempre. Ele existe desde antes do início, desde antes de haver tempo, e se arrasta até um futuro muito distante, até a eternidade. O amor inabalável de Deus é. O amor de Deus é o fundamento inabalável de tudo o que foi, de tudo o que é e de tudo o que será.

No salmo 136, o salmista louva a Deus por uma série de coisas que ele fez no passado para mostrar seu amor. Deus fez os céus e a terra, o sol, a lua e as estrelas; libertou seu povo do Egito e o conduziu no deserto; deu ao povo um lar e o protegeu contra os inimigos.

Que as preocupações e os medos se derretam diante da única coisa que sobreviverá a tudo: o amor inabalável de Deus.

O salmista usa duas expressões para descrever o amor de Deus, e cada uma delas tem um peso que descreve algo duradouro: *dura* e *para sempre*. Se há uma coisa que o salmista queira ressaltar, é que o amor de Deus é inesgotável. De que maneira seu coração responde à eternidade do amor de Deus?

O salmista encoraja os leitores a darem graças ao Senhor em resposta ao amor inabalável de Deus. Nem sempre é fácil dar graças. Há dias que você não sente a proximidade do amor de Deus. Mas mesmo quando os tempos são complicados e é difícil encontrar alegria, ainda assim é bom dar graças ao Senhor. Pratique a disciplina de dar graças, quer você sinta vontade ou não.

O amor inabalável de Deus perdura mais ao passado do que você consegue se lembrar e mais ao futuro do que você imagina. O amor de Deus por você já existia quando tudo começou, quando ele criou os céus e a terra. Imagine que você está ali, naquele primeiro jardim, e veja como o amor de Deus faz nascer o céu e o mar, as plantas e os animais.

O amor de Deus estava presente na vida dos seus antepassados. O que você sabe da história deles? Pense em seus avós e bisavós e reflita sobre a maneira como o amor inabalável de Deus tocou a vida de cada um. Quer tenham conhecido Deus ou não, o amor dele estava presente na chuva que caía e no sol que brilhava.

A misericórdia de Deus te carrega todos os dias. Se lembre das coisas que preenchem sua vida: a família e os amigos, o trabalho e o tempo livre, a doença e a saúde. Como você enxerga o amor de Deus em tudo isso?

O amor de Deus se estende ao futuro, um amor fiel e forte que o acompanhará em tudo o que vier. Ofereça suas esperanças e seus sonhos a Deus e diga que você confia nele para ser fiel em tudo o que vier.

Pense nas pessoas do seu bairro ou comunidade que se encontram em necessidade espiritual, relacional, física, mental, emocional ou financeira. Pessoas que estão lutando e que seu apoio e encorajamento seriam úteis. Como você pode expressar concretamente essa atitude misericordiosa que se fundamenta no amor de Deus? O amor e a misericórdia de Deus não são presentes que você pode guardar para si mesmo. São presentes para serem compartilhados com o mundo inteiro. Peça a Deus que ele te ajude a encontrar uma forma de compartilhar o amor dele com alguém.

Deixe seu coração responder com gratidão a Deus pelo amor e pela misericórdia que nunca falham e perduram para sempre. Agarre-se a esse pensamento ao longo do dia e quando se deitar para dormir. Permita que essa reflexão permeie seus sonhos.

> *Deus fiel, obrigado pela tua bondade amorosa — a única coisa em que posso sempre confiar, o amor que se estende desde antes da minha memória e até o futuro distante. Tu és um Deus fiel. Ajuda-me a compreender quão grande é o teu amor inabalável por mim. Conheces os pensamentos e sentimentos que*

trago para diante de ti. Conheces os meus medos, as minhas preocupações, a minha tristeza e as minhas alegrias. Eu os entrego a ti agora. Confio na tua misericórdia e no teu amor inabalável, e acredito que eles me acompanharão em tudo. Em nome de Jesus, eu oro. Amém.

Guardo o que dizes: salmo 141

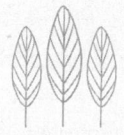

Coloca, Senhor, uma guarda à minha boca;
vigia a porta de meus lábios.

Salmos 141:3

As joias da coroa do Reino Unido são guardadas na Casa das Joias, uma seção na Torre de Londres fortemente protegida por vidros à prova de bombas, cem câmaras escondidas e mais de cinquenta militares treinados. Essas relíquias são extremamente valiosas e assim são tratadas.

O salmo 141:3 nos mostra como devemos guardar algo ainda mais precioso do que esses tesouros: as nossas palavras.

As palavras têm mais valor do que qualquer joia, porque elas têm o poder de falar a vida ou de dizer o mal. Como uma faísca numa floresta seca, as palavras podem incendiar uma emoção ou ser como água refrescante numa situação incendiária. Elas têm o poder tanto de ajudar a realizar o impossível quanto de influenciar alguém a fazer o impensável, ou podem impedir alguém de abrir as asas. Devido à potencial influência das palavras, é vital guardá-las.

O rei Davi orou para que Deus pusesse uma guarda em sua boca. Ele entendia a natureza impulsiva dos seus lábios e, por isso, confiou em Deus para ajudá-lo.

Talvez você já tenha contado uma "mentirinha" por conveniência ou feito uma fofoca para se adaptar à situação. Se quiser que Deus te ajude a guardar suas palavras, você deve conceder-lhe acesso ao seu coração por inteiro. Jesus ensina que as pessoas falam o que vêm do coração (Lucas 6:45). Só quando lhe entregamos nosso coração por inteiro, as palavras que saem da nossa boca serão controladas.

Se você tiver um problema com a língua, é possível que isso seja sintoma de um problema do coração. Por exemplo, se estiver fofocando, talvez o problema seja a insegurança. Se for sarcástico, a questão pode ser a raiva.

Às vezes, parece que a língua pensa por si só. Tiago 3:8 diz que nenhum ser humano consegue domá-la, e é por isso que precisamos que Deus seja o guardião do que dizemos. Ele pode fazer o que nós não podemos.

A surpreendente verdade sobre esse versículo é que o Senhor quer te ajudar a guardar o que você diz. Sabemos que tudo é possível com Deus, e por isso sabemos que nossa língua pode de fato ser domada se confiarmos em Deus como o guardião dela.

Tire um momento para descansar, sabendo que Deus te ama tanto que quer proteger seu coração e suas palavras. Ele sabe que não conseguimos domar a língua, por isso nos ajuda na nossa fraqueza. Em vez de sentir culpa, descanse na graça que você tem em Jesus Cristo, e confie nele para te ajudar nessa questão, que é uma dificuldade para todos nós. Agora, dê seu coração a ele.

Querido Pai celestial, eu te agradeço por me dares este tempo para refletir sobre ti e sobre o dom deste dia que me deste. Oro para que as minhas palavras reflitam quem tu és na minha vida. Guarda meus lábios de falarem mal de ti ou dos outros. Eu te agradeço por me confiar o poder da minha voz. Obrigado por me dares uma história para contar e pessoas com quem possa compartilhar a vida. Oro para que me ajudes a aprender a usar as minhas palavras para o bem e não para o mal. Ajuda-me a tornar-me mais semelhante a Jesus, estudando o seu exemplo. Guarda as minhas palavras assim como o meu coração. É em nome de Jesus que eu oro, amém.

Cada joelho se dobrará: salmo 95

*Venham! Adoremos prostrados
e ajoelhemos diante do Senhor, o nosso Criador;*

Salmos 95:6

Através das palavras, Salmos 95:6 cria uma bela imagem.
Há tantas razões para se ajoelhar diante de Jesus. Existe o desespero, como no caso do leproso em Marcos 1, que se humilhou perante Jesus, pedindo para ser curado. Existe o amor pelos outros, como no caso da mãe em Marcos 7, cuja filha era atormentada por um demônio.

Mas conhecer Deus, conhecer o carácter dele, faz com que você se ajoelhe. Ele é o seu Senhor, ou seja, ele é o seu mestre. Ele te escolheu para ser uma ovelha no pasto dele, para que você possa se livrar de preocupações e estresse, para que você desfrute a exuberante comida que ele providenciou.

Deus é também o Criador. Como aquele que te criou, ele o conhece porque o fez como uma obra de arte. Ele conhece seu coração, seus desejos e anseios, assim como suas fraquezas e lutas. Ele, mais do que ninguém, sabe o que te falta e como satisfazer suas necessidades.

Em geral, elogiamos quem faz coisas incríveis. Como um atleta que executa uma proeza incrível ou um ator ou músico muito talentoso. Quanto mais incríveis são as obras de Deus? Somos compelidos a adorá-lo por suas obras poderosas.

Imagine um artista pintando um belo quadro de uma cidade. As cores vibrantes despertam seu interesse, mas as sombras e as cores escuras não te agradam. Deus pintou você com beleza e sombras. Ele quer estar contigo mesmo nos tempos sombrios.

Ou imagine um artesão que está fazendo um vaso na roda de oleiro enquanto ela gira sem parar. No início, não tem forma. Ao rodar, as mãos do artesão, firme, mas suaves, abraçam o vaso. Ele sabe qual é o seu propósito; sabe quais são as suas possibilidades. Ao colocar pressão num ponto específico, ele permite que a argila fique solta em outros pontos, fazendo com que aquela matéria-prima se transforme numa forma única. Ele sabe de que cor vai pintar a peça, e, mais do que tudo, sabe o amor que sentiu ao criá-la.

Depois a peça vai para o forno. O artesão conhece a temperatura perfeita para que o vaso não rache. Ele sabe quanto tempo a peça precisa assar para ser um vaso resistente. Ele faz coisas que são perfeitas aos seus olhos.

No versículo seguinte do salmo 95, o salmista nos lembra: "pois ele é o nosso Deus, e nós somos o povo do seu pastoreio, o rebanho que ele conduz."

Isso é um lembrete suave de quem somos: "o povo do pastoreio [de Deus]." O Criador quer cuidar de você, quer te fornecer pastos e lugares de descanso e repouso. Ele criou o lugar em que você está neste momento para te dar descanso à medida que você deposita sua confiança nele.

Senhor, obrigado pelo fato de que "cada joelho se dobrará" para ti (Isaías 45:23). Obrigado pela forma como satisfizeste as necessidades dos que estão nas Escrituras quando se ajoelharem perante ti, e sei que satisfarás as minhas necessidades ao ajoelhar-me perante ti no meu coração. Abençoa-me como uma das ovelhas no teu pasto. Sei que me seguras na tua mão. Renova o meu espírito, assim eu oro. Amém.

Louvor para todas as estações: Salmo 150

Aleluia!
Louvem a Deus no seu santuário,
louvem-no no seu poderoso firmamento.
Louvem-no pelos seus feitos poderosos,
louvem-no segundo a imensidão de sua grandeza!
Louvem-no ao som de trombeta,
louvem-no com a lira e a harpa,
louvem-no com tamborins e danças,
louvem-no com instrumentos de cordas e com flautas,
louvem-no com címbalos sonoros,
louvem-no com címbalos ressonantes.
Tudo o que tem vida louve o Senhor!
Aleluia!

Salmo 150

A maioria das pessoas tem uma estação do ano favorita. Muitos têm características favoritas em cada uma das estações do ano. Do que você mais gosta? Talvez o sol quente, a praia e as férias de verão. Talvez as folhas secas, o ar fresco e a brisa refrescante do outono. Talvez o frio, a lareira que aquece a sala e o chocolate quente que esquenta o corpo no inverno.

Mas a vida inclui outras formas de estações do ano — estações de alegria seguidas das de tristeza. Estações de celebração ao lado de estações de lamento.

Por causa disso, nem sempre temos emoções que nos inspirem a louvar a Deus. Sabemos que devemos, mas muitas vezes os sentimentos são como uma pedra no caminho. Muitas pessoas acreditam que seus louvores e sua adoração não são sinceros quando não estão conseguindo senti-los de verdade. Mas nosso estado emocional e as circunstâncias externas não devem controlar nossos louvores. Devemos reconhecer a honra de agradecer ao Senhor não importa a estação, sem deixar de louvá-lo, embora cientes dos nossos sentimentos. Regozijar-se é uma escolha. Não significa fingir fé ou felicidade quando você está sofrendo. Não significa que seu canto não é sincero. Significa enxergar para além do *momento presente*.

Pense nos muitos idiomas ao longo de muitos séculos em que esse salmo tem sido oferecido em louvor a Deus. Pense nos muitos instrumentos utilizados nessa canção. Pense em como a nação de Israel usou esse hino poético para se regozijar e celebrar a bondade de Deus. Talvez Jesus tenha cantado esse hino no templo.

Talvez você tenha reparado em alguém relutante em cantar durante um culto na igreja, numa manhã de domingo. As pessoas ao redor pareciam felizes. Os sorrisos quase incomodavam a pessoa que permanecia calada, pois ela ainda sentia a dor de uma oração sem resposta. Ao ouvir uma canção que incluía Salmos 150:6, porém, ela percebeu que dar graças era uma escolha ao seu alcance. Talvez você mesmo já tenha sido essa pessoa.

A maioria sente, às vezes, que não consegue louvar, mas a escolha de se regozijar pode trazer liberdade. Pare por um momento e reflita sobre a beleza à sua volta. Medite sobre a maravilha do amor de Deus. Perceba que ele nunca te abandonará. Lembre-se do apóstolo Paulo em 1 Tessalonicenses 5:18 instruindo seu público a dar graças em cada situação. Essa exortação veio de um homem que conhecia perseguição, rejeição e desespero. Ele encontrou formas de se regozijar na prisão, na fome e no isolamento. Juntar-se a Paulo para se regozijar pode alimentar a sua alma.

A vida neste mundo caído tem muitas estações. Às vezes, elas trazem tempestades. Outras vezes, a terra parece seca, e o calor, impossível de suportar. Mas não importa o que aconteça, o louvor a Deus renovará sua alma.

Pai celestial, hoje escolho me regozijar — pela tua criação, pela tua sabedoria, pela tua orientação, pelo teu amor, pela tua graça. Em minha dor e minhas perguntas, tu me deste garantias. Tu nunca me abandonaste. Canto canções de alegria e dou graças. Opto também por agradecer-te de antemão pela forma como me guiarás e me darás assistência. Deus, ajuda-me a abraçar a verdade maior na minha relação pessoal contigo, o Criador que me fez a tua imagem. Abraça-me em esperança, lembrando-me de que tu nunca me deixarás nem me abandonarás. Com cada respiração, eu te louvo. Amém.

Agradecimentos

À EQUIPE TALENTOSA DE AUTORES DA ABIDE, NO PASSADO E NO PRESENTE, cujo trabalho está neste livro. A Drew Dickens, que tem as digitais espalhadas por toda esta obra desde o início. A Amy Peterson, uma das primeiras autoras do aplicativo, cujo talento em trazer a palavra de Deus até as pessoas é muito apreciado. A Stephanie Reeves, que colaborou não só com seu talento como escritora, mas também com seu olhar afiado para revisar cada meditação. A Jennifer Waddle, cujo dom de encorajamento transparece em cada página. A Russ Jones, que, além de ser o diretor executivo da Abide, também trouxe seu amor pelo povo de Deus para as meditações. A Michael Foust, que tem o dom de descrever e exortar de um jeito fiel à palavra de Deus. A Cortney Whiting, uma das primeiras escritoras da Abide, cujo trabalho tocou a vida de muitas pessoas. A Jenn Stoltzfus, que mergulhou de cabeça, com todo o entusiasmo e sem que nada a impedisse. A Maggie Bruehl, que, enquanto lidava com sua batalha contra o câncer, encontrou forças para encorajar as pessoas em seu relacionamento com Deus. A Chris Maxwell, cujas palavras incentivam e inspiram onde quer que sejam encontradas. Obrigado a todos vocês por se dedicarem de coração nessas palavras profundamente consoladoras da verdade de Deus!

A minha esposa Nadia. Obrigado por sempre me apoiar.

A minha mãe Sarah. Obrigado por confiar que eu seguiria o plano de Deus.

A JoHannah Reardon, coeditora e contribuidora deste livro, que faleceu em 4 de fevereiro de 2021, depois de uma luta de 18 meses contra o câncer. O olhar de revisora de JoHannah, seu coração que batia por Deus e seu amor pelo povo do Senhor são evidentes em todas as páginas de *40 salmos para inspirar sua vida*. Somos gratos.

Tim entende a realidade das famílias e sabe como ajudar a nossa. Ele nos ajuda a compreender o que nossos filhos mais precisam de nós. Além disso, de modo igualmente importante, ele nos apresenta maneiras práticas e sensatas de concedermos a nossos filhos a segurança do amor incondicional cheio da graça divina. Ao fazer isso, Tim nos ajuda a presentear nossos filhos com o maior dom de todos: um coração que anseia por Deus.

Neil Ahlsten

DIREÇÃO EDITORIAL
Daniele Cajueiro

EDITOR RESPONSÁVEL
Omar Sousa

PRODUÇÃO EDITORIAL
Adriana Torres
Júlia Ribeiro
Mariana Oliveira

REVISÃO DE TRADUÇÃO
Alice Cardoso

REVISÃO
Anna Beatriz Seilhe

DIAGRAMAÇÃO
Douglas Kenji Watanabe

Este livro foi impresso em 2022
para a Novo Céu.